D1880556

केबिन में सामने डॉ. भारती। आँखों पर मोटे फ्रेमवाला काला चश्मा, चेहरे पर शालीन मुस्कान...पूरे व्यक्तित्व में एक संजीदी कशिश...खड़े होकर पति से हाथ मिलाते हैं और मेरी सलज्ज नमस्ते के जवाब में बैठने का संकेत करते हैं। अब नज़ारा ये कि लेखिका तो मैं, उपन्यास मेरा। क़ायदे से मिलने भी मैं ही आयी हूँ लेकिन बातें सिर्फ़ पति से ही की जा रही हैं...उनकी मल्टी नेशनल कम्पनी से लेकर इस नये शहर मुम्बई की रिहाइश तक, दुनिया जहान की बातें...सिगार झाड़ते हुए, कभी काले चश्में का फ्रेम ठीक करते हुए और कभी कुर्सी के पीछे अपनी विशिष्ट मुद्रा में गर्दन और पीठ टिकाते हुए—और मैं?...जैसे इस केबिन में हूँ ही नहीं...अपनी पहचान और अस्तित्व से हीन, अपनी औक़ात को कौड़ियों में तौल रही थी यह लेखिका (?)

अन्ततः मेरे धैर्य की अग्नि परीक्षा समाप्त हुई। हम उठने को हुए तो मेरी तरफ़ मुड़े। भरपूर गहरी दृष्टि मुझ पर टिकाते हुए एक-एक शब्द (जैसे मुझे भी) तौलकर भरपूर आत्मीयता से बोले—

"आपका उपन्यास मुझे काफ़ी पसन्द आया। ख़ासकर सौतेली माँ और बच्चियों के बीच की प्रगाढ़ता को आपने जिस ऐंगिल से रेखांकित किया है। हम इसे 'धर्मयुग' में प्रकाशित करेंगे।...'लेकिन'..." और इस लेकिन के बाद थोडे ठहरे-से—

"मैं चाहता हूँ, उपन्यास के तीसरे खण्ड को आप एक बार फिर देखकर तराश ले जायें..."

इतनी-सी देर में उत्तेजना का एक पूरा ब्रह्माण्ड डोल गया था, मेरे अन्दर। जाने कितने इन्द्रधनुषों ने पंख पसार दिये थे, कल्पना के आकाश में...कि इस 'लेकिन' ने रंग में भंग डाल दिया।

अनायास मैंने हिम्मत बटोरी और अपनी सहमी आवाज़ को भरपूर आत्मविश्वास से साधते हुए बोल गयी—

"लेकिन मान लीजिए, मैं दुबारा देखने के बावजूद, आपकी अपेक्षानुसार न तराश पायी तो?..."

"तो?" कहकर अर्थपूर्ण ढंग से वापस दृष्टिमुझ पर टिकाते हुए मुस्कराये—"तो हम इसे ऐसे ही छापेंगे।"

कहते हुए उनके चेहरे पर छिटकी विनोदी वत्सल हँसी—'कहई तुम्हार मरमु मैं जाना' की पुष्टि कर रही थी।

यह अविस्मरणीय घटित था, मेरे लेखकीय जीवन का...और पहला साबका भारती जी की उस मुस्कान से जो जितनी खिलन्दड़ी थी, उतनी ही संजीदी...

यादों के शिलालेख

सूर्यबाला

वाणी प्रकाशन

प्रकाशन के उत्कृष्टतम 62 वर्ष

vaniprakashan.com

पेपरबैक पहला संस्करण : 2025

वाणी प्रकाशन

4695, 21-ए, दरियागंज, नयी दिल्ली-110 002

फ़ोन : + 91 11 23273167, 23275710

शाखाएँ

अशोक राजपथ, पटना-800 004, बिहार

कॉफ़ी हाउस कैम्पस, महात्मा गांधी मार्ग, प्रयागराज-211 001, उत्तर प्रदेश

महात्मा गांधी अन्तरराष्ट्रीय हिन्दी विश्वविद्यालय, वर्धा-442 001, महाराष्ट्र

sales@vaniprakashan.in
vaniprakashan@gmail.com

Yaadon Ke Shilalekh
by Suryabala

ISBN : 978-93-5775-466-8
Memoir

मूल्य : ₹ 299

जी.एस. ऑफ़सेट, दिल्ली-110 095 में मुद्रित

वाणी प्रकाशन का लोगो मक़बूल फ़िदा हुसैन की कूची से

अनुक्रम

इस सादगी के सदके : मेरे लिए मन्नू जी...

मन्नू जी कैसे मेरी अतिप्रिय रचनाकार और उतनी ही प्रिय व्यक्ति होती चली गयीं, मुझे नहीं मालूम...वह भी तब, जब न तो मैं कभी उनके बहुत ज़्यादा सम्पर्क में रही, न घनिष्ठ और न बातचीत या फ़ोन आदि के लम्बे सिलसिले ही...उनकी बहुत थोड़ी ही, लेकिन बहुत मूल्यवान स्मृतियाँ संचित हैं मेरे स्मृतिकोष में और उतने प्रदत्त भर से ही एक विरल एकलव्यभाव से समादृत हैं वे मेरे अन्दर। अन्धश्रद्धा जैसी कोई बात न होने पर भी, मेरे रचनाकार और व्यक्ति दोनों ने उनसे सम्बल और ऊर्जा पायी है। शायद इसलिए कि एक सेलिब्रिटी के रूप में अपने 'लेखकीय औरा' को बनाने, सँवारने की कोई सचेष्ट सतर्कता या तत्परता उनमें कभी नहीं दिखी, न 'स्टारडम' वाली लोकप्रियता के बावजूद कभी हाव-भावों का कोई इन्द्रजाल... विवादी वक्तव्यों के सहारे चर्चा में बने रहने की कोई उठा-पटक भी नहीं। जीवन और लेखन, कथनी और करनी के बीच, बेमिसाल पारदर्शिता और सहज निर्द्वन्द्वता की जो मिसाल मन्नू जी में मिलती है, वह आज की लेखक बिरादरी में ढूँढ़नी मुश्किल है।

यूँ एक रचनाकार के रूप में वे सदैव समादृत रहीं मेरे लिए लेकिन, 'आपका बंटी' के बाद से मैं उनकी क़लम की क़ायल हो गयी, आज तक हूँ। मुझे 'धर्मयुग' के वे अंक, पृष्ठ और इलस्ट्रेशन अभी तक याद हैं जिन पर 'आपका बंटी' धारावाहिक छपा करता था। माता-पिता के विवाहेत्तर प्रेम-सम्बन्ध के परिणामस्वरूप, हॉस्टल छोड़े जाते बंटी का सहमा, उदास चेहरा रह-रहकर मेरी आँखों में डबडबा आता और मैं पति, बच्चों से उसे छुपाने की जुगतें तलाशती होती। आज, इतने वर्षों बाद भी माँ और पिता की परस्पर अनबन, तनाव और सम्बन्ध-विच्छेद की त्रासद परिणति के रूप में, एक उदास, सहमे बचपन की सज़ा भुगतने वाले बंटी की व्यथा समकालीन कथा साहित्य का कोई दूसरा बच्चा नहीं शेयर कर पाया है। बेशक शकुन

के चरित्र रूप में आधुनिक माँ का यह रूप मैं नहीं स्वीकार पायी थी बल्कि उसकी तुलना में बंटी के प्रति सदय, घर की वृद्धा सहायिका भक्तिन मेरे ज़्यादा करीब थी।

शकुन मेरे लिए दूसरे कारणों से महत्त्वपूर्ण थी। मन्नू जी के इस स्त्री-चरित्र ने अधिसंख्य कोणों से मेरी मानसिकता को झकझोरा था और यही कारण है कि आज भी लेखन और स्त्री-विमर्श से जुड़ा मेरा कोई वक्तव्य, 'शकुन' के उल्लेख के बिना पूरा नहीं होता। 'आपका बंटी' की शकुन, समकालीन स्त्री-लेखन की वह प्रतिनिधि चरित्र है जिसे अपने दशक से लेकर आज साढ़े चार दशक बाद भी कोई दूसरी स्त्री (पात्र) ओवरटेक नहीं कर पायी है। वह पूरी अर्द्ध उत्तरशती के स्त्री-चरित्रों में किसी न किसी रूप में विद्यमान और उभयनिष्ठ है। साथ ही वह अपने समय और समाज की स्त्री से कहीं आगे भी है। मन्नू जी ने 'शकुन' का चरित्र जिस रूप में उकेरा है, तब तक शकुन-सी स्त्री, पत्नी और माँ साहित्य में ही नहीं, समाज में भी, सामान्यत:, न उपलब्ध थीं, न स्वीकृत ही। जहाँ तक मुझे याद है, तब तक इस तथाकथित आधुनिक स्त्री की मानसिकता उस क्राइसिस से गुज़र रही थी जहाँ मुक्ति और स्वातन्त्र्य का स्वाद चखने के बावजूद, उसके स्वयं के सुख और शरीर की तृप्ति से ज़्यादा पति और बच्चों के हितवाला तराज़ू का पलड़ा ही ज़्यादा वज़नदार हुआ करता था। आन्तरिक घुटन, द्वन्द और संत्रास से गुज़रने के उपरान्त भी स्त्री का ममत्व और समर्पणभाव ही जीतता आया था।

शकुन के रूप में पहली बार आधुनिक स्त्री, उन सारी स्थितियों, समस्याओं, प्रवृत्तियों और बदलावों के साथ हमारे सामने खड़ी नज़र आती है जो अगले दशकों में स्त्री के लिए निर्णयक मोड़ साबित होते हैं। शकुन यानी स्वातन्त्रोत्तर युग की वह स्त्री जो नौकरी पेशा है अर्थात् आर्थिक रूप से आत्मनिर्भर है, अपने विवाहेतर प्रेम को लेकर किसी तरह के अपराधबोध से मुक्त और समाजिक लोकापवादों से पूरी तरह निर्द्वन्द्व भी। बच्चे के सुख बनाम उसके अपने सुख के बीच उसका सुख ही जीतता है। वह भावनात्मक से ज़्यादा रैशनल और चीज़ों को ठोस, व्यावहारिक धरातल पर देखने वाली आत्मकेन्द्रित स्त्री है। तभी तो पुरानी माँ वाले त्याग की मूर्ति और बलिदानी मॉडलों में उलझे बिना, समाधान के रूप में बेटे के लिए हॉस्टल का विकल्प चुन लेती है। अपने प्रेम के प्राप्य को हस्तगत करने के लिए पीछे छूटते बंटी की तरफ़ नहीं देखती। इसलिए शकुन अपने समय की कम, आने वाले दशकों के स्त्री-चरित्रों की प्रतिनिधि ज़्यादा है और यही विशेषता किसी कृति को समय से आगे की कृति भी प्रमाणित करती है।

मुझे याद है, सत्तर के दशक में प्रकाशित इस उपन्यास के एक डेढ़ दशक बाद आये मेरे उपन्यास 'यामिनी कथा' पर मुम्बई विश्वविद्यालय में हुई संगोष्ठी में एक विदग्ध प्रपत्र-वाचिका ने 'यामिनी कथा' को 'आपका बंटी' के आगे की कड़ी कहा था।

मैं विस्मित इसलिए भी थी क्योंकि मेरी 'यामिनी-कथा' सर्वथा भिन्न परिवेश की कहानी थी। यहाँ प्रेम का त्रिकोण भी नहीं था। विधवा यामिनी ने निखिल के आग्रह पर सामाजिक, आर्थिक सुरक्षा के निमित्त विवाह करना स्वीकारा था, वह भी किशोर बेटे पुतुल की स्वीकृति से। इतने सोचे-समझे और परिपक्व निर्णय के बावजूद उपन्यास की स्थितियाँ तीनों चरित्रों की मनोवैज्ञानिक ग्रन्थियों में इस क़दर गुत्थमगुत्थ हैं कि हर पात्र अपने में लाचार और विडम्बना का शिकार होता चला जाता है और अन्ततः पूतुल स्वयं अपने पिता विश्वास का मर्चेंट नेवीवाला जॉब चुनकर, अंकल से पिता बन गये निखिल और यामिनी, माँ से दूर चला जाता है। कहना यह चाहती हूँ कि मैं अपने डेढ़ दशक बाद के स्त्री-पात्र को भी उतनी रैशनल और (पुत्र की तुलना में) स्वसुख को प्रधानता देने वाली, नहीं दिखा पायी जितनी कुशलता और विश्वसनीयता से मन्नू जी डेढ़ दशक पहले की अपनी कृति में दिखा पायीं। निःसन्देह 'आपका बंटी' के पाठकों ने नयी स्त्री की ज़रूरत के रूप में, शकुन के चरित्र की विश्वसनीयता को स्वीकारा है। यह उपन्यास की परिव्याप्ति का दृष्टान्त तो है ही, इस ब़ात का भी प्रतीक है कि कोई भी कृति अपनी नवोन्मेषिता में तभी टिकी रह पाती है जब उसमें विश्वसनीयता के साथ मार्मिकता भी हो।

बावजूद इस सबके मन्नू जी मेरे लिए एक वरिष्ठ, उत्कृष्ट और मेरी प्रिय लेखिका ही बनी रहतीं, अगर उज्जैन कथा-कुम्भ की सूचना और उनके हस्ताक्षर वाला आमन्त्रण मुझ तक न पहुँचा होता। (मन्नू जी उन दिनों उज्जैन के प्रेमचन्द पीठ की अध्यक्षा थीं) लिखते रहने के पूरे बीस वर्ष होने को आये थे और व्यंग्य तथा लेखन में पर्याप्त जानी-बूझी होने के बावजूद मैंने किसी संगोष्ठी, सेमिनार में शिरकत करने के लिए घर से बाहर कदम नहीं निकाले थे। यह एक निरभिमानी हठ था, मूर्खतापूर्ण ही सही। शायद मन्नू जी के हाथों वाले सीधे, साफ़ हस्ताक्षरों का चमत्कार था जो पहली बार किसी संगोष्ठी में जाने के लिए मन लालायित हुआ। सहमी और हिचकी भी थी। इसलिए संगोष्ठी के लिए स्वीकृति देने से पहले, अपनी इच्छा और सहमियत दोनों ज़ाहिर करते हुए मैंने मन्नू जी को एक छोटा-सा पत्र लिख-कर पोस्ट कर दिया था। सप्ताह भर बाद ही उनका जो उत्तर आया, उसने मेरे पाँवों में पंख लगा दिये। मेरी हिचक और सहमियत को निराधार ठहराते हुए उन्होंने

मुझे मीठी फटकार लगायी थी और मेरे लेखन से जुड़ी कुछ प्रशंसात्मक टिप्पणियों के साथ बड़े अपनेपन से मुझे गोष्ठी में सम्मिलित होने का आदेश दिया था।

वह पहली संगोष्ठी मेरे लिये कई अन्य कारणों से भी स्मरणीय है क्योंकि चित्रा (मुद्‌गल) को छोड़कर, वरिष्ठ लेखिका कृष्णा सोबती सहित राजी सेठ, मृदुला गर्ग, अर्चना वर्मा आदि अपनी सभी समकालीन लेखिकाओं से मैं पहली बार मिल रही थी। इतने वर्षों तक, साथ छपे नाम, चित्र, चेहरे पत्रिकाओं के पृष्ठों से उतरकर एक साथ हँस-बोल रहे थे। मेरा औत्सुक्य, कुतूहल और रोमांच चरम पर था। डॉ. प्रभाकर श्रोत्रिय जी तो प्रमुख कर्णधार थे ही, चारों तरफ़ नरेश मेहता, सुमन जी, राजेन्द्र यादव, धनंजय वर्मा आदि वरिष्ठों से लेकर युवाओं में, सत्येन कुमार, मंज़ूर एहतेशाम, बलराम, चन्द्रकान्त देवताले...साहित्य का एक पूरा सौर-मण्डल उपस्थित था वहाँ और बीचोबीच भौंचक-सी मैं। शायद मेरी इसी सहमियत को लक्ष्य करती मन्नू जी ने कहा था–'सूर्यबाला! तुम्हारे कैडर की लेखिका में यह निरीह भाव क्यों?"

लेकिन सबसे ज़्यादा अभिभूत किया था मुझे, जब-तब मेरी खोज-ख़बर रखने वाले मन्नू जी के अन्दाज़ ने। अपनी बॉडरवाली साड़ी और बड़ी-सी कत्थई बिन्दी के साथ हर किसी की सुख-सुविधा का ध्यान रखने वाली मन्नू जी ने कथा-कुम्भ के माहौल को एक कुटुम्ब में परिवर्तित कर दिया था।

परेशान और उद्विग्न सिर्फ़ वे सबसे ज़्यादा तब दिखीं जब दोपहर के भोजनावकाश के लिए थोड़ा विलम्ब हो रहा था और मंच से अतिथि पति राजेन्द्र यादव का धारा प्रवाह व्याख्यान चल रहा था। मन्नू जी 'कान्ता-सम्मत' उपदेश वाली शैली में, सबकी आँखें बचाकर, पीछे की पंक्ति में जाकर, राजेन्द्र जी को 'बस' करने का इशारा किये जा रही थीं। अन्त में तीन-चार बार उनके द्वारा किये हाथों के इशारों से तंग आये राजेन्द्र जी ने भी वक्ता से ज़्यादा पति सुलभ शैली में उन्हें जो मीठी फटकार देते हुए बात समाप्त की, उसका श्रोताओं ने भरपूर मज़ा लिया था।

दूसरे दिन शाम तक दिल्लीवाली सारी लेखिकाओं की वापसी हो चुकी थी। मेरी ट्रेन रात की थी। तब तक उस परिसर में मैं अकेली थी, आसपास मँडराने वाले कुछ भक्तनुमा 'साहित्य मर्मज्ञों' से सहमियत की हद तक उकतायी भी। मैंने, मन्नू जी को इसकी जानकारी दी या जाने कैसे, उन्होंने मुझे शाम से ही अपने घर बुला लिया। रात का खाना अपने घर खिलाकर किसी परमविश्वस्त के साथ ही मुझे रात की ट्रेन पकड़वाने की सतर्कता भी बरती थी।

वह शाम एक दूसरी वजह से भी याद रहेगी...। कथा-कुम्भ में आये राजेन्द्र जी, ज़ाहिर है कि मन्नू जी के घर ही ठहरे थे और उस समय रात का खाना खा रहे थे। मैं पहली बार किसी रचनाकार-युगल के साथ थी, वह भी किसी ऐसे वैसे नहीं, हिन्दी कथा लेखन के चर्चित और सेलिब्रिटी दम्पति युगल के साथ। लेकिन खाने की मेज़ पर राजेन्द्र जी जिस रुक्ष हुकूमती अन्दाज़ में एक-एक चीज़ की फ़रमाइश कर रहे थे और मन्नू जी पूरी तत्परता से उनकी फ़रमाइशें, (एक सहायिका के होने के बावजूद) पूरी कर रही थीं, उससे मैं विस्मित होने के साथ-साथ एक उलझन और जबरदस्त मोहभंग से भी गुज़री थी कि क्या एक प्रबुद्ध, संवेदनशील (?) रचनाकार पति भी अपनी रचनाकार पत्नी से उसी सामन्ती अन्दाज़ में पेश आता है (किसी तीसरे आगन्तुक के सामने) जिस तरह आम परिवारों के पढ़े, बेपढ़े, रूढ़ संस्कारों और तेवरवाले ग़ुरूरी पति!...साफ़-साफ़ दिख रहा था कि एक सामान्य घरेलू पत्नी से भी कहीं ज़्यादा शालीनता के साथ मन्नू जी माहौल को सहज, स्वाभाविक और 'सुखमय' दिखाने की यथासम्भव कोशिश कर रही थीं।

इसके सिर्फ़ कुछ महीनों बाद ही, मुझे विश्वास नहीं हुआ था जब मात्र एक बार की उज्जैन में मिली, मन्नू जी, मुम्बई आने पर मुझे फ़ोन ही नहीं कर रही हैं बल्कि 'मैं बम्बई आयी हूँ और आज तुम्हारे पास आ रही हूँ', की सूचना के साथ रसगुल्लों का डिब्बा लिये मेरे घर आ पहुँची थीं।

हर्षातिरेक से विह्वल होने के बावजूद मैं मन-मन में थोड़ी उद्विग्न भी थी क्योंकि उन दिनों मेरी पूरी दिनचर्या वृद्धा-सास, ससुर की अपेक्षाओं के चारों तरफ़ घूमती होती थी। अत: मन्नू जी के पास पूरी तरह प्रकृतिस्थ होकर बैठ पाने की गुंजाइश बहुत कम बन पा रही थी। जब तक वे रहीं, बीच-बीच में 'अम्मा जी-बाबू जी की' ज़रूरतें पूरी करने के लिए मैं लगातार उठती-बैठती रही थी। इसे लेकर थोड़ी झुँझलाहट और झेंप भी...लेकिन मन्नू जी इस सबसे पूरी तरह निर्लिप्त, सहज भाव से बातें करती रही थीं।

यह तो मुझे बाद में पता चला कि राजेन्द्र जी से अलग रहने के निर्णय के पहले वे जिन मर्मान्तक अन्तर्द्वन्द्वों से गुज़र रही थीं और अन्तिम पटाक्षेप की उलटी गिनती शुरू हो गयी थी, उसी मन:स्थिति में वे मुम्बई भी आयी थीं, मेरे पास भी...लेकिन उनकी सस्मित सहज मुद्रा ने मुझे इसकी भनक तक न लगने दी।

पता तब चला जब दिल्ली लौटने के बाद उन्होंने मुझे इस आशय का पूरे आठ पृष्ठों का एक लम्बा पत्र लिखकर यह भी बताया कि इस निर्णय के बाद अब

वे मन से हल्की और शान्त महसूस कर रही हैं। सहज विनोदीभाव से ही सही, वे यह लिखना भी नहीं भूलीं कि 'तुम्हारा बार-बार उठकर अम्मा जी, बाबू जी के पास जाना मुझे बहुत भला लगा, यह सोचकर कि बुढ़ापे में और कोई हो न हो, सूर्यबाला है।' (उनकी खोज़-ख़बर लेने वाली अपेक्षाओं पर में ज़रा भी खरी नहीं उतरी, इसका अपराधबोध...)

मन्नू जी का आत्मसन्तुलन मुझे विस्फारित करता है। अपने दाम्पत्य की धुरी को सुस्थिर रखने और सम्बन्धों में सामंजस्य बनाये रखने के लिए वे किस हद तक लस्त-पस्त और लहूलुहान होती रहीं जीवन भर, उसके प्रमाण की भी आवश्यकता नहीं। 'एक कहानी यह भी' के रूप में उनके संघर्षों के स्तब्ध कर देने वाले आत्मस्मरण हमारे सामने हैं। साफ़-साफ़ लगता है कि अपने जीवन का यह ख़ुलासा भी उन्होंने किसी महत्त्वाकांक्षा, आत्मिक इच्छा अथवा 'न लिख पाने के' 'डेस्परेशन' से मुक्ति पाने के लिए नहीं वरन् निहायत सतही आरोपों (अप्रत्यक्ष) और विवादों के अपरिहार्य प्रतिवाद और स्पष्टीकरण के रूप में ही किया। एक तरह से तंग आकर...और बाध्य किये जाने के बाद ही। लेकिन यह करते हुए भी वे पूरी तरह सतर्क और तटस्थ रहीं जिससे–'लिखने वाली मन्नू और जीने वाली मन्नू के बीच पर्याप्त फ़ासला बनाकर रख सकूँ'...यूँ भी मन्नू जी किसी के उकसाने से आवेग में आने वाली नहीं। ये तो इतने वर्षों तक यत्न से छुपाकर रखे ज़ख़्मों को कुरेद दिये जाने की प्रतिक्रिया-सी। मैं नहीं समझती कि इस पुस्तक को एक बड़ी रचनाकार पत्नी की ईमानदार आपबीतियों के अतिरिक्त अन्य किसी कसौटी पर ज़बरदस्ती कसने की कोशिश की जानी चाहिए। कुछ लोगों ने इसे रचनात्मक गहराई और कलात्मक ऊँचाई से दूर, सिर्फ़ राजेन्द्र जी की हद से गुज़रती लापरवाहियों, शातिर चालों और झूठ-फ़रेब के पुलिन्दे के बयान की ही संज्ञा दी है। मेरा मानना है कि इसे ठीक इसी रूप में देखा भी जाना चाहिए। यह मन्नू जी की कोई महत्तवाकांक्षी रचनात्मक कृति नहीं है। एक तरह से वे स्पष्टीकरण के तौर पर लिखने के लिए बाध्य ही हुई थीं। शायद इसीलिए 'एक कहानी यह भी' की 'हंस' में छपी रोहिणी अग्रवाल की समीक्षा थोड़ी ज़्यादा निर्मम लगने पर मैंने उस पर अपनी जो असहमति भेजी थी, (राजेन्द्र जी ने उसे बॉक्स में प्रकाशित भी किया था।) उससे मन्नू जी बहुत सन्तुष्ट और आश्वस्त हुई थीं। यूँ रोहिणी जी, जिस गहरी संवेदना से किसी कृति के रेशे-रेशे को तरतीब देती हैं, उसकी मैं क़ायल हूँ लेकिन इस पुस्तक के प्रति उनकी दृष्टि थोड़ी ज़्यादा सख़्त और वस्तुनिष्ठ लगी थी। जहाँ तक मेरा प्रश्न है, मैंने 'एक

कहानी...' को पढ़ते हुए प्राय: उसके यातना-शिविर में ख़ुद को रखकर देखा है और मन्नू जी के आत्मसंयम को सराहा है। शायद यह उनके अन्दर का सुलझा हुआ रचनाकार ही था जिसने उन्हें उन स्थितियों में थामे और बचाये रखा वरना मैंने तो पुस्तक समाप्त करने के बाद पहला धन्यवाद ईश्वर का यही किया था कि उसने मुझे किसी कलाकार या रचनाकार की पत्नी नहीं बनाया...

उनका पैग़ाम मुहब्बत था...

हिन्दी में बहुत कम रचनाकार ऐसे हुए हैं जो व्यंग्य एवं विनोद दोनों विधाओं को डंके की चोट पर समान महारत के साथ साध ले गये हों। इसके मूल में प्राय: 'ज़्यादा' के नाम पर लेखक को सस्ते, हल्के और 'लोकप्रिय मात्र' की अधम श्रेणी में डाल दिये जाने वाले सवर्ण शुचितावादियों का खेल है। लिखने वाले के अन्दर 'गुनाह-बेलज़्ज़त' का दबाव इतना अधिक हो जाता है कि वह शुद्ध मुक्त ज़्यादा लिखने की सामर्थ्य होने के बावजूद उससे कतराकर 'कांकर पाथर जोरिकै' तथाकथित व्यंग्य की कँगूरेदार मस्जिद चिनवाना अपने लिये ज़्यादा सुरक्षित समझता है, चाहे इस कमरतोड़ मशक़्क़त में रचना का सत्व ही क्यों न निचुड़ जाये। ठप्पा खाँटी व्यंग्य का ही लगा होना चाहिए। उन्हें यह मुग़ालता रहता है कि तरह-तरह के उठापटकी शब्द और राजनीतिक पैंतरेबाज़ियों का रिपोर्ताजी ख़ुलासा ही व्यंग्य होता है। और यह तो बहुतों को पता नहीं होता कि उत्कृष्ट, शालीन और बारीक हास्य लिखना पैने, प्रहारक और सहज प्रवाही व्यंग्य की रचना से कम कठिन नहीं होता। दोनों विधाओं की अपनी कसौटियाँ होती हैं।

हास्य व्यंग्य के शिखर पुरुष स्व. श्री गोपालप्रसाद व्यास का लेखन इन दोनों ही कसौटियों पर अलग-अलग और एक साथ खरा उतरने वाला है। जो लोग उन्हें सिर्फ़ लोकप्रिय हस्या का महारथी मानते हैं, उनके लिए शब्दों की बेमुरव्वत उठापटक और मुशक़्क़त का आभास तक न देने वाली उनकी साँप को सम्बोधित निम्नलिखित पंक्ति द्रष्टव्य है—

साँप! दो-दो जीभें होने पर भी भाषण नहीं देते?

अथवा

प्रतिभा के पंखों पर सुविधा के पत्थर, कमलों पर जा बैठे नाली के मच्छर।

समाज के हर क्षेत्र की विदीर्ण प्रतिभाओं पर ऐसा तीखा व्यंग्य, सीधे मर्म पर

चोट करने वाला है। इसी तरह सत्ता में पलते विद्रूप और राजनीति की विडम्बनाओं पर, कमलपुष्प पर भनभनाते नाली के मच्छरों का उपमान, अपने प्रहार की तीक्ष्णता में तो बेजोड़ है ही, सटीक और सधे शिल्प-सामर्थ्य की भी बानगी पेश करता है।

रचनात्मक मौलिकता की ऐसी ताज़गी-भरी उद्भावनाएँ व्यास जी की कविताओं में प्रचुरता से उपलब्ध हैं–

चश्मे ने कर दिया, देखना बन्द–
और क़लम अपनी मौत ख़ुद मर गयी।
आँसू नीम चढ़े, ख़ून पड़ा काला
कानों में लाख जड़ी, जीभ पर छाला
और तुम कहते हो लिखो–
समाज में बुद्धिजीवी तो दिखो।

छद्म बौद्धिकता पर किया गया यह मारक व्यंग्य, बुद्धिजीवियों की समूची बिरादरी को चिह्नित करने देने के लिए काफ़ी है।

यहाँ, 'चश्मे का प्रयोग अब तक किये जाने वाले प्रयोगों से सर्वथा भिन्न और सकारात्मक तो है ही, कानों में लाख का 'जड़' जाना और आँसू के लिए नीम, चढ़े जैसे प्रयोग, कवि की मुक्त कल्पनाशीलता की उपज हैं।

मैंने प्राय: कहा है कि व्यंग्य में अतिरिक्त अश्लील होता है। इस दृष्टि से व्यास जी की कविताओं में सबसे ज़्यादा उल्लेखनीय है–उनके शब्दों की मितव्ययिता।

जब वे लिखते हैं, 'नागफनी हँसी, तुलसी मुरझाई...' तो बीच में मात्रा छन्द की पूर्ति के लिए 'और' तक को लगाना आवश्यक नहीं समझते। उन्हें पता है कि बिना कोई शब्द जोड़े भी प्रभाव अपनी मार्मिकता में विलक्षण होगा। यहाँ एक पूरे समाज की भ्रष्ट चौहद्दी कुल दो प्रतीकों में नाप दी गयी है। ढूँढ़ने पर कहीं एक शब्द भी अतिरिक्त नहीं मिलता उनकी कविता में–

गमलों में खिलते हैं काग़ज़ के फूल
चप्पल पर पॉलिश है, टोपी पर धूल।
दफ़्तर में खटमल की वंशवेल फैली
कुर्सी पर बैठ गयी चुपके से थैली।

गार्डेन-फ्रेश कविताओं की नयी नकोर बानगी शब्दों की सम्पूर्ण मितव्ययिता के साथ यहाँ उपस्थित है। दाद देने वाले पारखी समझ सकते हैं कि मात्र कुर्सी और थैली कितने बड़े विद्रूप का ख़ुलासा कर गयी हैं जब कि न कहीं 'भ्रष्ट' शब्द

का उल्लेख है, न पैसे, घोटालों या नियुक्तियों का, फिर भी यहाँ पूरे भ्रष्टतन्त्र का रेशा-रेशा उधड़ देने की सामर्थ्य दृष्टव्य है। यह व्यंग्य की मासूमियत-भरी मीठी छुरी की मार है।

व्यंग्य से परे भी व्यास जी के शुद्ध ज़्यादा, शुद्ध विनोद, परिहास और ठिठोलियों का ख़ज़ाना अपरिमित और अनूठा है। एक-एक प्रयोग की अनेक अर्थध्वनियाँ उन्हें बहुआयामी बनाती हैं। सबसे ज़्यादा लुभावना मुझे हास्य विनोद के माध्यम से किया उनका स्त्री-विमर्श लगता है। यहाँ स्त्री के शोषण की क्रंदन गाथा की जगह उसका सस्मित सम्मान और आदरभाव निहित है। बेशक यहाँ बारीक चुटीली ठिठोलियाँ हैं, परिहास है लेकिन वे अशालीन और अभद्र कहीं नहीं हो पाये हैं। उनकी अधिसंख्य कविताओं में स्त्री, भारतीय कुटुम्ब से जुड़ी अपनी सारी भूमिकाओं और गरिमा के साथ उपस्थित है।

नोक-झोंक से भरी ये परिहासी चुटकियाँ और ठिठोलियाँ, कृत्रिमता के सारे आवरण फाड़कर सहज प्रवाही, विनोदी-शैली की विलक्षण बानगी पेश करती है। व्यास जी का स्त्री-विमर्श लोकप्रियता के ख़तरों से बिना घबराये, निर्भीक, दैनंदिन जीवन के कुटुम्ब रस में अमृत घोलता हुआ 'मात्र स्त्री' से आगे पत्नी, साली और सास तक जा पहुँचता है लेकिन कहीं भी, स्त्री की किसी भूमिका को रंचमात्र भी अशालीन रूप में नहीं प्रस्तुत करता। यथा–

जिसने मेरी पत्नी जाई,
उस माता की बहैहारी!

या फिर–

ज़रा सोचिए, अगर विधाता
जग में सास नहीं उपजाते
तो हम जैसे पामर प्राणी
बिना विवाह ही रह जाते।

पत्नी को केन्द्र में रखकर रची उनकी अधिकांश कविताएँ हिन्दी के विनोद-वृत्त में, एक समानान्तर और कहीं ज़्यादा ज़मीनी, स्त्री-विमर्श रखती दृष्टिगत होती हैं। ज्ञातव्य है कि जहाँ अधिकांश हास्य कवियों ने पत्नी के माध्यम से स्त्री का सतही और भोंड़ा मज़ाक़ उड़ाया है, वहाँ पत्नी पर लिखी व्यास जी की प्रत्येक पंक्ति, स्त्री-मर्यादा के सुरक्षा चक्र की तरह है। कथन की उनकी भंगिमा तो अनूठी है ही,

कविताओं में निहित भाव, स्त्री के प्रति उनके मन की सम्मान भावना के प्रतीक हैं।

युग योगेश्वर का बीत गया
दिन मर्यादापति के बीते
रावण से लेकर रामचन्द्र,
चिल्लाते हैं–सीते ! सीते !!

या फिर–
अब कृष्णचन्द्र के दिन बीते,
राधा के दिन बढ़ती के हैं।
यह सदी बीसवीं हैं, भाई!
नारी के ग्रह चढ़ती के हैं।

व्यास जी ने अपनी रचनात्मकता को किन्हीं चौहद्दियों में नहीं समेटा। बुर्ज नहीं बाँधे। सारी संकीर्णताओं से मुक्त, अपनी निसर्ग प्रतिमा और अभिव्यप्ति-कौशल के बल पर स्वयं अपने बनाये रास्ते पर निर्द्वन्द्ध बढ़ते गये। शायद उन्हें पता था कि बड़े-बड़े आदमक़द पुरस्कारों से सम्मानित रचनाकार भी आजीवन यह आकांक्षा पाले रहते हैं कि काश! वे पाठकों द्वारा पढ़े भी जाते। हिन्दी साहित्य में चल रहे इस प्रकार की लोकप्रियता बनाम स्तरीयता के छद्‌म पाले में अपने आप को आज़माने की ज़रूरत उन्होंने कभी नहीं महसूस की। इन सारे पंचों से दूर वे अपनी सर्जनात्मक प्रतिबद्धता का धर्म सतत निभाते रहे...क्योंकि उनका पैग़ाम मोहब्बत था...समरसता, सामंजस्य और जुड़ाव था और उसे ही उन्हें हिन्दी के लाखों-लाख पाठकों के दिलों तक पहुँचाना था।

'ऐसा न हो तेरे रोने से महफ़िल में तमाशा हो जाये...'

मैं छह माह की हूँ...और साढ़े छह (साल) की जिज्जी मुझे कन्धे पर चिपकाये लोरी गा-गा के सुला रही हैं...(यह जिज्जी ने ही बताया था मुझे) अम्मा, बाबू जी को अपनी लाड़ली बेटी को यह इजाज़त देनी पड़ी थी कि वह अपनी इस छुटंकी बहन को गोदी में उठा और सुला सकती है।

मैं मियादी बुख़ार में लस्त-पस्त, कमजोर पड़ी हूँ। जिज्जी मुझे अपनी रैपिड रीडर से सुभद्रा कुमारी चौहान की 'ग्रामीणा' कहानी पढ़कर सुना रही हैं...(मेरी बेहद मनपसन्द कहानियों में एक...)

उसी छुटपन की जौनपुर की एक शाम...दिन भर घर के सामने से 'अन्तिम संस्कार मेल' से बनारस ले जायी जाती एक के बाद एक कई अर्थियाँ देखने के बाद मैं मुँडेरों के साये में उदास बैठी हूँ। मुझे पुकारती, तलाशती जिज्जी छत के कोने में बैठी पाकर चौंक पड़ती हैं, मैं सहमी, भयभीत आवाज़ में पूछती हूँ–'जिज्जी! क्या एक दिन अम्मा, बाबू जी, भइया और बड़ी अम्मा, सब लोग मर जायेंगे? मैं भी, तुम भी?...कहाँ जाते हैं मरकर? आख़िर कैसा लगता है मर जाने पर?...

साढ़े बारह की जिज्जी ठक् अवाक् खड़ी हैं, भयभीत भी। फिर अपनी उम्र की औक़ात भर मुझे प्रबोधने लग जाती हैं—बिल्कुल वैसा ही मिन्नी जैसा सो जाने पर...

x x x

मैं सायबान में इकड़ी-दुकड़ी खिंचाती बरबस खिलखिला पड़ती हूँ, यह जिज्जी की...कितनी बेसिर-पैर की ज़िदें ठानकर अम्मा को परेशान किये रहती है! कभी 'अछूत कन्या' वाली कविता के हिसाब से, पिछले दरवाज़े से सण्डास साफ़ करने वाली कम्मो का बच्चा खिलाने लगती है, फिर समझाने-बुझाने या डाँटने-धमकाने पर गांधी जी की दुहाई और खटवार-पटवार लेकर पड़ जाती है।

हारेंगी अम्मा ही, लाख झुँझलाये, अपनी दुलारी बिटिया को मना-फुसलाकर दाना-पानी करायेंगी...भाई-बहन भन्नाते, उँह, हमें तो अम्मा ने कभी इस तरह मनाकर नहीं खिलाया।

कैसे खिलातीं? यह दुलार सिर्फ़ कुछ ख़ास क़िस्म के पगलेटों की पूँजी होता है, वे ही इसके हक़दार। सन्तुलित, समझदार, अक़्लमन्दों को कहाँ मयस्सर। घाटे में रह गये थे हम सब! बाज़ी मार ले गयी जिज्जी...

लेकिन जो बाज़ी उन्होंने खेली या उन्हें खेलनी पड़ी और जिन मर्मान्तक शर्तों पर वह जीतीं (?), हर किसी के बूते की बात थी क्या?...शायद नहीं...यह जिज्जी ही थीं जो इतने युद्धों, इतने मोर्चों पर हताहत होते हुए भी हँसी, ख़ुशी और उत्फुल्लता के उजास से जीवन भर भरपूर रहीं।

वरना, जीवन में जो कुछ एक औसत व्यक्ति चाह सकता है, उसमें से कुछ भी नहीं मिला था जिज्जी को। रुपये-पैसे की आर्थिक सुरक्षा से लेकर पति और सन्तति का सुख...हर खाना ख़ाली ही रहा....ख़ाली? किसने कहा? स्नेह, ममता की तिजोरी भरी-पूरी थी उनकी। खुले हाथों लुटाती रहीं अपना ख़ज़ाना...अबाध, मीठे पानी के सोते की तरह, दोनों हाथों उलीचती रहीं।

मनौतियाँ

एक दिन यूँ ही, यथासम्भव लहजे को सहज बनाकर उन्हें थहाने के उद्देश्य से पूछा था मैं—"अच्छा जिज्जी, यह मायके से ससुराल तक जो हर सदस्य तुम्हारी गोदी भरवाने के लिए तरस रहा है, मनौतियों पर मनौतियाँ माने जा रहा है...तो...तुम भी तो कुछ सोचती होगीऽऽऽ...। कैसा लगता है तुम्हें..."

थोड़ा ठहरीं, फिर सहज स्मित के साथ बोलीं–"यही सोचती हूँ रे कि कहीं कुछ सचमुच हुआ तो इतने सारे लोगों की मनौतियाँ कैसे पूरी होंगी।"

इसलिए लोगों की आहें, उसाँसें दरकिनार करती जिज्जी घर से बाहर तक; सड़क, स्कूल और कॉलेज तक फैले अपने वृहताकार कुटुम्ब में मगन रहतीं। लड़कियाँ उन पर जान छिड़कतीं और आयु में बड़ी, छोटी टीचरें लाड़-प्यार से सराबोर रखती। बिल्डिंग के वॉचमैनों से लेकर स्कूल पहुँचाने वाले रिक्शेवाले और दाइयों तक से सविनय, सादर, सलज्ज और संकोची नमस्कार, प्रणामों के वन्दनवार से खिंचे महसूसे हैं मैंने। सूरजमुखी-सी खिली छोटी लड़कियों की 'सिस्टर जी', बड़ों की 'मैडम'...

आख़िर क्यों? ऐसी कुछ दान-दक्षिणा या वृहताकार परोपकारनुमा भी तो नहीं करतीं जिज्जी, करने भी चलतीं तो कहाँ टिक पातीं परहित, परोपकार की प्रतिस्पर्द्धा में? और लोग तो इन दिनों सहानुभूति, मदद, अहसान लेना भी नहीं पसन्द करते, उल्टे बिदकने लगे हैं तथाकथित परोपकारियों से। जब कि उनका सहज पारदर्शी हृदय बस मुक्त भाव से सबको अपनाता चलता।

मन चंगा

हाँ, विश्वास तो बहुत है उन्हें...दूसरों पर...आत्मविश्वास कम और बौद्धिकों की दृष्टि में जिसे अन्धविश्वास कहते हैं, वह भी भरपूर...सुबह-शाम मन्दिरों की पारी बँधी है, नाटी इमलीवाले हनुमान जी से लेकर धूपचण्डीवाली माता तक, हर मन्दिर के माली, पुजारी और प्रसाद बेचने वाले दुकानदार, यहाँ-वहाँ खेलते बच्चे, सबसे पहचान, हारी-बीमारी और कुशलक्षेम की बातें। हरे-हरे पत्तों की पुड़िया में माला-फूल, तुलसीदल और अलग-अलग भगवानों के फ़ेवरिट लड्डू, पेड़ों, बताशों का प्रसाद...एक-एक के सामने झुकाया जाता माथा, बजाये जाते घण्टे...मैं रही तो बड़े प्रेम से, बल्कि अधिकार से मुझे भी 'दर्शन' करने के लिए चलने को कहा जायेगा। जाऊँगी भी...लेकिन कभी आरती के धुएँ से काले हुए ताखों तो कभी सहन में सड़ती फूलमालाओं का कचरा चरती मेरी बुद्धि भटकती रहेगी, ऊब भी व्यापेगी। मन में माला-फूल, प्रसादों और रिक्शे के भाड़े पर आये ख़र्च का हिसाब-किताब भी...मौक़ा निकालकर चिढ़ाती हूँ—"जिज्जी! तुम्हें अपने से कहीं ज़्यादा तो इतने भगवानों का 'मेंटनेंस' सँभालना पड़ता है, महीने भर के फूल-मालाओं, आरती, घी, अगरबत्ती और पेड़े, बताशे, बेसन के लड्डुओं पर आया ख़र्च..."

तब जिज्जी का अबोला, आहतभाव जो कुछ कहता है, उसे मैं ज़बरन अनदेखा कर जाती हूँ—क्यों नहीं समझ पायी मैं कि मन्दिरों की ये अनगिनत प्रदक्षिणाएँ, आरती की लौ, देहरी पर टिका माथा, उन्हें मिले दु:ख और अभाव विडम्बनाओं की कातर अभिव्यक्ति हैं। विषमताओं का अतिरेक व्यक्ति के विवेक को कहाँ स्थिर रहने देता है! अन्यथा क्या जिज्जी नहीं जानतीं कि भगवान धूपचण्डी से दशाश्वमेध तक अलग-अलग मन्दिरों में हाज़िरी नहीं बजाया करते? सारे धर्म, दर्शन, ज्ञान और वेदान्त की स्थापनाएँ यही तो कहती हैं कि मन चंगा तो...

बौद्धिक वितर्कों का चलता चरख़ा अचानक खट् से रुक जाता है। सारे सूत

आपस में उलझे-पुलझे नज़र आने लगते हैं। मेरा मन मुझे समझाता है, जिज्जी इसी कठौती में ही तो गंगा को थहा रही हैं। तुम्हें क्या इस बात में शक है कि जिज्जी मन्दिरों में माथा टेकने के बहाने वहाँ ईश्वरत्व की प्रतिष्ठा करने जाती हैं। अवश्य, भगवान बड़ी बेकली से उनके आने की राह देखते होंगे। पूरी निश्चिन्तता से—क्योंकि जिज्जी कहाँ अपने लिए कुछ माँगती हैं! उनकी हर आकांक्षा, हर प्रार्थना तो दूसरों के लिए होती है। हर सपना किसी अन्य के सुख से जुड़ा।

सुबह आँखें खोलने और धरती को प्रणाम करने के साथ शुरू हुई उनकी दिनचर्या में किसी की गम्भीर बीमारी से स्वास्थ्य लाभ के लिए किया जाता मन्त्र-जाप, किसी के लिए सुन्दरकाण्ड का पाठ, व्रतोपचार, दर्शनादि सामान्य तौर पर शामिल रहते हैं। और यह सब किसी परोपकारी कारोबार की तरह नहीं चलता, चुपचाप निर्बाध उनके जीवन में अन्तर्धारा-सा प्रवहमान रहता है। ज्ञानतत्त्वों की सारी स्थापनाओं के ऊपर यह पर दु:खकातरता जब ढाई आखर वाली आस्था में समाहित होती है तो एक आत्मशक्ति उपजती अवश्य है। शर्त बस एक। 'स्व' का सम्पूर्ण विलय। जिज्जी अपने सामान्यत्व में इसी 'स्व' के विलय की साधना करती महसूस होती हैं। सम्पूर्ण समर्पण और आत्मतिरोहण का कैसा आसान तरीक़ा!...जब 'मैं' कुछ हूँ ही नहीं तो अपने लिए माँगना कैसा?

शायद इसीलिए इतने भगवानों की गहमागहमी के बीच अपने लिए किया जाने वाला एक भी मन्त्र, जाप या व्रतोपचार नहीं। न सन्तान, न समृद्धि, न सम्पदा, न पति की अनुकूलता ही...बेशक रुग्ण पति की सेवा-सुश्रुषा और स्वास्थ्य लाभ के लिए पूरी संलग्नता से पूजा, आराधना, अभिषेकों के सिलसिले...लेकिन अति उग्र पति की अनुकूलता भी तो माँगी जा सकती थी?...नहीं, यह भी तो उनका अपने लिए माँगना होता न? उनका आत्मसम्मान और स्वाभिमान इसकी इजाज़त भी नहीं देता था।

रोना भी कभी नहीं रोया गया। न भगवानों के सामने, न मनुष्यों के। आज तक जिज्जी के तन या मन से जुड़ी किसी समस्या का ज़िक्र कभी उनकी ज़बान से नहीं सुना गया। पति के स्वभाव की बात किसी ने उठायी भी तो बड़े सहज, विनोदी भाव में प्रसंग समाप्त कर दिया गया। इस यत्न के साथ कि उनकी उग्रता का भी कोई न कोई सकारात्मक पक्ष निकाल लिया जाये।...लेकिन इतनी सावधानियों के बावजूद कभी जब बात बहुत ज़्यादा हद से गुज़री तो कातर मन, काग़ज़-क़लम के हवाले कर दिया गया। उस सबका भी समयावकाश कॉलेज, घर के बीच धुनती दिनचर्या के बीच मुश्किल से ही निकल पाता। इसलिए पिछले पचास सालों से अपने अतिप्रिय

गायक तलत महमूद की कोई ग़ज़ल, गीत या अपने साथ-साथ मेरी भी प्रिय पंक्तियाँ गुनगुना ली जायेंगी...

'ऐसा न हो तेरे रोने से महफ़िल में तमाशा हो जाये'...

(सिवाय जब मैं विदा होकर मुम्बई आ रही होऊँ।)

x x x

एक बार, बग़ल के फ़्लैटवाले पड़ोसी ने अपरिहार्य आर्थिक संकटों का रोना रोया। मदद माँगी और जल्दी ही जल्दी वापस करने का आश्वासन भी दिया। मदद भी, हज़ार-दो हज़ार की नहीं, पूरे एक लाख की। बस बिना किसी से राय-बात किये। (कि 'बेचारे' के आर्थिक संकट का ढिंढोरा न पीटा जाये) बैंक से लाख रूपये निकालकर थमा दिये गये (जब कि उनकी कुल जमा पूँजी ही उन दिनों डेढ़-दो लाख से ज़्यादा क्या रही होगी।)

हफ़्ता भी नहीं बीतने पाया था कि बात खुली। पड़ोसी अपने बैंक के पैसों की संगीन हेराफेरी के आरोप में निलम्बित। उच्चस्तरीय जाँच के आदेश। जिसने सुना, उसी ने जिज्जी को फटकार बतायी, इस पकी उम्र में ऐसी नादानी कर बैठीं आप! सोचा यही गया था कि जिज्जी के हाथों के तोते उड़ जायेगे, होश फ़ाख़्ता हो जायेगे...लेकिन उनके चेहरे पर वही चिर परिचित शान्ति और इत्मीनान...बाद में सुना गया, पड़ोसी ने कहा है, 'उनके' पैसे तो चाहे जैसे हो, लौटाऊँगा ही...और सचमुच लौटाये।

ऐसी एक नहीं, सैकड़ों मिसालें। सिक्योरिटीवाले तिवारी जी की बेटी का गौना है और हाउसिंग कमेटी से 'अडवांस' मंज़ूर नहीं हुआ—कोई बात नहीं, मैडम हैं न! स्कूल में फ़ीस न लाने वाली लड़की अचानक ज़ार-बेज़ार रो रही हैं। फ़ीस जमा हो गयी। दिवंगत पति की स्मृति में खोले अध्ययन केन्द्र का भी यही आलम। जहाँ अभिभावक या छात्रा ने साधनहीनता और लाचारगी का रोना रोया, शुल्क माफ़, लेकिन अध्यापकों का वेतन तो नहीं घटाया जा सकता न! इतना ही क्यों, जिन-जिन विषयों के अध्यापक अनुपस्थित होते हैं, 'कोचिंग' छोड़ते हैं, वे सारे विषय मैडम स्वयं मेहनत करके पढ़ाती हैं। निर्धन बच्चों को भी, कम अंक पाने वाले बच्चों को भी। अध्ययन केन्द्र तो सबके लिए सुलभ होना चाहिए न! सब मेधावी बच्चों को ही पढ़ायेगे तो कमज़ोर बेचारे कहाँ जायेंगे?

बात फैलती है तो याचकों की तादाद भी और अन्ततः पाँच-छह वर्षों में लाख-डेढ़ लाख के घाटे के बाद अध्ययन केन्द्र बन्द होने की नौबत आनी ही थी, लेकिन

जिज्जी इसे अपना नुक़सान नहीं मानतीं। उन्होंने नफ़े के लिए खोला ही कहाँ था! पैसे होते तो और चलातीं। दु:ख बस यही कि 'इसी तरह' और ज़्यादा क्यों नहीं चला पायीं।

बौद्धिक और व्यावहारिक दृष्टिकोणों से इस हद दर्ज़े की नादानी से उबरने और 'समझ' से काम लेने की सलाह उन्हें कोई नहीं दे सकता। जो जाता, अपने आपको बौना महसूस कर लौट आता। और कभी-कभी तो साथ हुए समझदारों को ख़ासी फ़ज़ीहत से गुज़रना पड़ जाता। एक बार ऐसे ही भूले, भटके, बहनों के साथ बाज़ार चली गयीं। बहनें बाज़ार के भाव-ताव में पारंगत। घण्टे भर में एक साड़ी पसन्द आने के बाद मोल-तोल पर जुट गयीं। सैकड़ों साड़ियों के अम्बार के ऊपर रखी एक पसन्दीदा साड़ी और उस पर चलता मोल-भाव...अन्तत: जब दुकानदार ने 'इतने की तो ख़रीद है बहन जी' का रोना रोया तो जिज्जी से न रहा गया–बहन पर ज़ोर से झुँझलायीं–"जाने दो न! इतना तो कम किया। भइया! आप इसी दाम पर बाँध दो साड़ी, अच्छा!" सिर धुनती बहनों ने कसम खायी कि आइन्दा कभी जिज्जी के साथ बाज़ार जाने की ग़लती वे नहीं दोहरायेंगी।

जिज्जी के पास बैठने का मतलब है, सुभद्रा कुमारी चौहान की कहानी 'ग्रामीणा' की निश्छल सोना के पास होना। अपने पति को अन्तिम पत्र लिख रही सोना के पास...वे पंक्तियाँ आज पैंतालीस वर्षों बाद भी, मेरे कानों में प्रतिध्वनित हो रही हैं–"मेरे देवता! मैं मर रही हूँ, आज, अन्तिम बार विश्वास कर लेना कि मैं निर्दोष थी"...इसी तरह कौशिक जी की कहानी 'ताई' की नि:सन्तान 'ताई' अपनी दुर्बुद्धि पर पछताती, देवर के बच्चे को कलेजे से लगा रही है...'उसने कहा था' की सूबेदारनी, 'रक्षाबन्धन' की बहन, 'ईदगाह' का हामिद ही नहीं, 'साइकिल की सवारी' वाले नोकझोंकी पति-पत्नी, कबरी बिल्ली के मरने और अकबरी लोटे के गिरने पर जमा हुआ हँसी-ठट्ठे का जमावड़ा भी है जिज्जी की सुनाई कहानियाँ में।

जिज्जी के पास कोई द्वन्द्व नहीं है। अपने आप को सामान्य गृहिणी बनाये-बनाये वे मुक्त भाव से 'देने' का सुख 'पाती' रहती हैं। उनके लिए सच, सच है, झूठ, झूठ। उनकी दृष्टि से मनुष्यता के आधारभूत मूल्य हमेशा एक-से रहते हैं। वे समय और सुविधाओं के हिसाब से बदला नहीं करते। हम अपने बचाव के लिए भले ही खोखली परिभाषाएँ गढ़ते रहें।

गांधी पर कंट्रोवर्सियाँ चलने से गांधी बदलने वाले नहीं। वे गांधी ही रहेंगे। आने वाली पीढ़ी अवश्य जीवन आस्था और मूल्यों की अनमोल विरासतों से वंचित

रह जायेगी। इसलिए कॉलोनी वालों के सामने अपने संकल्प पर अड़ जायेंगी कि कुछ भी हो जाये, गांधी जयन्ती और स्वाधीनता दिवस जैसे राष्ट्रीय पर्व तो मनने ही हैं। सोसायटी के पास फ़ंड नहीं है तो कोई बात नहीं, वे अपने पास से देंगी (गोया क़ारूँ का ख़ज़ाना गड़ा है। उनके पास)...जिज्जी की वजह से समूची कॉलोनी पूरे उत्साह और गम्भीरता से अन्य पर्वों के साथ राष्ट्रीय पर्वों से जुड़े कार्यक्रम आयोजित करती थी।

सोचती हूँ तो लगता है—बचपन में मुँडेरों के साये में अकेली उदास बैठी, मेरा भय और सन्नाटा दूर करने वाली जिज्जी ने कितने कौशल, कितनी भव्यता से अपने जीवन के सन्नाटे को ख़ुशबू और उजास से भर लिया। स्त्री सुलभ आकांक्षाओं की राख, विभूति की तरह माथे से लगाये, जीवन यज्ञ में आहुतियाँ देती रहीं।

बचपन में किन्हीं शहरों में बिजली नहीं हुआ करती थी, तब साँझ घिरे, घर के नौकर ढेर सारी लालटेनें लेकर बैठ जाते और राख से घिस-घिसकर उनकी कालिख लगी चिमनियाँ साफ़ किया करते थे। जिससे भरपूर रोशनी मिल सके और अन्दर बत्ती निष्कम्प जलती रहे।

जिज्जी को देखकर अँधेरे कोने में जलती वही लालटेन याद आती है। पारदर्शी चमचमाते काँच के बीच निष्कम्प जलती जोत...

थोड़ी और जिज्जी...

जिज्जी मुझसे पूरे छः वर्ष बड़ी थीं।

माँ, बाबू जी के विवाह के काफ़ी सालों बाद यह 'रत्न कन्या' मिली थी उन्हें। रत्न ही थी भी वह। बड़े लाड़-प्यार से पाली-पोसी गयी थी। माँ-बाबू जी बताते, ख़ुद जिज्जी भी, कि उसके लिए एक से एक जापानी, विलायती खिलौने...झालर, लेस लगी फ्रॉकें, आलू भरी छोटी-छोटी कचौरियाँ तक बनकर रखी रहतीं कि उनकी नन्ही बिटिया जब भी चाहे, जो भी चाहे उसे मिले बिना न रहे। जिज्जी को बर्फ़ बड़ी अच्छी लगती थी तो ढूँढ़कर ईगल कम्पनी का थर्मस मँगवाया गया। उसमें बर्फ़ के टुकड़े भरकर रख दिये जाते। जिससे नन्ही जिज्जी जब चाहे, कुटुर-कुटुर खाती रह सके।

घर में जिसे देखो उस पर लाड़ लुटाता मिलता। सब हाथों-हाथ लिये रहते जैसे वह कोई बहुत मूल्यवान-सी हो। और वह भी घर-बाहर सबका लाड़ दुलार पाकर भी, कभी इठलाती, अगराती नहीं, कभी नाक-भौं भी चढ़ाते नहीं देखी गयी। वैसी ही सीधी सादी-सी हुई रहती। कभी हल्के-से मुस्कुरा-कर सकुचा जाती, बस। शायद इसीलिए, उसके सबकी लाडली बनी रहने पर भी कभी ईर्ष्या नहीं व्यापी हमारे अन्दर, जैसे वह सभी के लिए कोई अलभ्य, दुर्लभ वस्तु हो।

धीरे-धीरे बड़ी होती गयी वह...लेकिन चेहरा वैसा ही निश्छल, निर्दोष। सन्तिनी-सी दिखती। बहुत भावुक, बहुत सरल, तरल-सी। ज़िदियाती भी तो ऐसी-ऐसी चीज़ों के लिए कि हँसी आती–"मैं अपनी सहेली के भाई को, अपने हाथ से मिठाई क्यों नहीं खिला सकती?"...या "मैं यह उधड़े बॉर्डरवाली साड़ी पहनकर स्कूल क्यों नहीं जा सकती?"..."गांधी जी तो खादी पहनते थे...मैं खद्दर क्यों नहीं पहन सकती?" आदि...और तब ऐसी बहुत-सी बेतुकी ज़िदों पर खिझलायी माँ को उसे डाँटना ही पड़ता। (बाबू जी तब तक नहीं रहे थे।)

कभी-कभी उससे बहुत छोटी मैं भी खिझला जाती कि यह जिज्जी आख़िर कब बड़ी होगी...

जब कि वह मुझे अपनी उसी निश्छल हँसी के साथ बताती कि जब मैं छह महीने की थी और वह साढ़े छह वर्ष की तो वह मुझे कन्धे पर लिटाकर थपकी दे-देकर लोरी गाती और सुला देती मुझे।

जब वह चौदह-पन्द्रह साल की थी, तो जाड़ों की दुपहर या रात को रज़ाई में दुबकी या कभी भी, अपनी रैपिड-रीडर से 'बूढ़ी काकी', 'ईदगाह', 'हार की जीत', 'बड़े भाई साइब' और 'उसने कहा था', जैसी कहानियाँ मुझे पढ़-पढ़कर सुनाती होती। उसकी सुनायी सुभद्रा कुमारी चौहान की 'ग्रामीणा' कहानी अभी तक मेरी प्रियतम कहानियों में एक है। उस कहानी के अन्त में कहानी की भोली-भाली किशोरी नायिका 'सोना' मरने से पूर्व अपने पति को 'मेरे देवता' सम्बोधित कर जो पत्र लिखती है, वह मुझे जिज्जी के हाथों का लिखा लगता—और 'सोना' हूबहू जिज्जी...लेकिन सुभद्रा जी ने जिज्जी को कहाँ देखा था! 'ग्रामीणा' और बहुत सारी कहानियाँ अभी तक मेरे अन्दर जिज्जी की आवाज़ में रिकॉडेड हैं।

आवाज़ उसकी बहुत मीठी थी। स्कूल, कॉलेज में लता मंगेशकर कही जाती थी। लड़कियाँ, टीचरें, उसे बुला-बुलाकर गाने सुनतीं। उसे आते भी बहुत-से गाने थे। तलत महमूद उसके सबसे प्रिय गायक थे। मुझसे कहतीं, "मुझे लगता है— मिन्नी! उसने जीवन में बहुत गहरा दर्द झेला है।"

तब रेडियों कहा था घर में! बग़ल के साहूकारों के यहाँ बजते रेडियो की बहुत धीमी आवाज़ भी आती तो उसे पता चल जाता, फ़लाँ गाना आ रहा है, सुनते ही दौड़ जाती। दीवारों में कान लगाकर सुनती और दिन भर गुनगुनाती रहती। गाना, ट्यून सब ठीक हो जाता तो मुझे सुनाती।

किशोरवयी होते-होते कहानी, कविताएँ भी लिखने लगी थी जिज्जी। भइया (मौसी के लड़के) ने दोस्तों के साथ मिलकर पत्रिका निकाली तो उसमें जिज्जी की कहानी छापी। मैं मुग्ध थी उसकी 'प्रसाद' सी भाषा-शैली पर। सोचती, यह मेरी जिज्जी किस लोक से आयी है।

फिर वह लोगों की नज़रों में बड़ी हुई। शादी-ब्याह हुआ। उसके जीवन के सारे सिलसिले बदल गये। लेकिन वह, वैसी ही बनी रही। कभी-कभी अपनी लिखीं कविताएँ, गीत जब वह गाती, लोग सुध-बुध भूलकर, मन्त्रमुग्ध सुनते रह जाते। मुझे याद है, उम्र के आख़िरी छोर पर उसके घातक रोग के सही निदान और चिकित्सा के लिए जब मैं उसे वाराणसी से मुम्बई लाने गयी थी तो वाराणसी से ही निकलने

वाली पत्रिका, 'सोच-विचार' के संस्थापक, सम्पादक डॉ. जितेन्द्र नाथ मिश्र जी मिलने आये थे जिज्जी के छोटे भाई जैसे स्नेही मित्र भी थे। जाने से पहले मुझे और जिज्जी को अपने डी.ए.वी. कॉलेज में रचना-पाठ के लिए आमन्त्रित करते गये। वैसे भी जिज्जी तो जाती ही। मेरे कथा-पाठ के बाद मेरे और जितेन्द्र जी के अनुरोध पर जब जिज्जी ने अपना गीत गाया–

तुम न बोलो,
पर तुम्हारे गीत के स्वर सुन–
कोई रो-रो पड़े तो...!

हॉल में बैठे लोगों की आँखें डभडभ थीं और चित्र बेसुध। गीत ख़त्म होने पर लोगों ने उन्हें घेर लिया था। और वह बहत्तर की उम्र में, बारह वर्ष की बच्ची की तरह संकुचित हुई जा रही थी। लिखती बचपन से ही थी। मेरे हाथ की क़लम भी उसी की पकड़ायी हुई है।

वह मेरे लिए सूरज थी। सूरजमुखी-सी मैं उसकी रोशनी से समृद्ध होती थी। कोई शंका व्यापती, मन में कोई क्षुद्रता पैठती, जिज्जी के सामने खोल देती। निदान मिल जाता। वह ख़ुद भी, कभी-कभी अपने मन में आयी कमज़ोरियाँ मुझसे बाँटती। तब मैं जी-जान से उसे प्रबोधती। उन क्षणों में स्वयं मेरा मन यह सोचकर ज़्यादा हल्का हो आता कि चलो जिज्जी में भी कहीं न कहीं थोड़ा ही सही मामूलीपन है। लेकिन ऐसा इस वजह से होता क्योंकि वह बहुत जल्दी आहत हो जाती थी। अति संवेदनशील और भावुक होने की वजह से...लेकिन 'सब कुछ' सबसे छिपाती। चाहती थी किसी को इसकी भनक न लगे। यद्यपि जानने सब लगे थे और इस वजह से उसे और ज़्यादा प्यार और सम्मान देते थे। शादी से पहले जहाँ सिर्फ़ प्यार करते थे लोग, शादी के बाद उसकी चिन्ता और देखभाल भी। ज़बान पर कोई न लाता क्योंकि यह जिज्जी के आत्मसम्मान को स्वीकार नहीं था कि कोई उसके सोने को खोटा कहे।

एक चीज़ बहुत अच्छी हुई कि उसे टीचर्स ट्रेनिंग करने की सलाह और सुविधा दी गयी। एम.ए. पहले से ही थी। वाराणसी के आर्य महिला महाविद्यालय इंटर कॉलेज में, जहाँ से पढ़ी थी, वहीं अध्यापिका नियुक्त हो गयी। (बाद में विद्यालय की प्रधानाचार्या भी बनीं...) अब दिन भर स्कूल में उसका समय बहुत अच्छा बीतता... टीचरें, लड़कियाँ उस पर जान छिड़कतीं। वह इतना अच्छा पढ़ाती कि जिस सेक्शन का क्लास ले रही होती, दूसरे सेक्शन की लड़कियाँ भी आकर बैठ जातीं। ऊपर से स्कूल के कार्यक्रम के लिए तरह-तरह की नृत्य-नाटिकाएँ, गीत बनाना, प्रतियोगिताएँ

आयोजित कराना, खेलकूद और कविताएँ...सब कुछ ख़ुश-ख़ुश निपटाती, थकान का नाम नहीं...लेकिन मैं जानती हूँ स्कूल से लौटते हुए, जैसे-जैसे उसकी ससुराल के पथरीले चबूतरेवाला मकान और मोटा नक़्क़शीदार दरवाज़ा पास आता जाता, उसके पैर अवश, असहाय से ज़मीन में धँसते जाते। हर रोज़ यही क्रम।

लेकिन इसका यह अर्थ बिल्कुल नहीं वह कभी गुमसुमी, उदास रही हो, हमेशा हँसती, मुस्कुराती, उल्लसित...सबके दु:ख-सुख में शामिल...अपनी तकलीफ़ या परेशनियाँ भूले से भी ज़बान पर न लाती। वह तो लोग थे कि उसकी खिलखिलाहटों के पीछे की उदासियाँ चुपचुप टोह लिया करते थे।

लिखने का समय उसके पास बिल्कुल नहीं होता। पूरे जीवन में चौबीस पच्चीस कहानियाँ और संग्रह में आयी कविताएँ, गीत भी उसने कब, कैसे लिखे, पता नहीं। रचनाओं को सुधारने वग़ैरह की मुहलत का तो सवाल ही नहीं। मुझे लगता है, जब वह बहुत उदास होती होगी तो उसकी रचनाओं के शब्द ही उसे आकर सँभालते होंगे। सचमुच उसकी बहुत-सी कहानियाँ-कविताएँ पढ़कर यही लगता है–कि शब्द उसे ढाढ़स बँधाने आये हैं। छोटे भाई-बहनों से कहकर उनका मन नहीं दुखाना चाहती थी, इसलिए ख़ुद से ख़ुद को मना, बहला लेती।

मेरे लिए बड़ी बहन से बहुत ज़्यादा, अलग-सी थी वह। सच कहूँ तो अपने उसके बीच के रिश्ते को आज तक परिभाषित नहीं कर पायी हूँ मैं। ज़रूरत भी नहीं, बस इतना जानती हूँ कि उसका दु:ख मुझे बहुत हलकोरता, हालाँकि वह मुझे कभी साफ़-साफ़ बताती नहीं थी, न मैं पूछती ही। हम दोनों को इसकी ज़रूरत कभी महसूस नहीं हुई। हम कहकर एक-दूसरे से जितना बताते, उससे कहीं ज़्यादा बिना कहे।

लेकिन ऐसी कोई दया, सहानुभूति की पात्र, वह न कभी दिखी, न बनी। यह छूट किसी को नहीं दी उसने। कोई उसे कुरेद नहीं सकता था। उसके प्रति सहानुभूति नहीं दरशा सकता था। बला की आत्मसम्मानी, स्वाभिमानी थी वह। तभी तो राशि-राशि लोगों की प्रेरणा थी, ताक़त थी और ऊर्जा का स्त्रोत भी। जब कभी लोग मुझसे पूछते हैं कि आपको अपनी कहानियों के लिए इतने 'आदमक़द' स्त्री चरित्र कहाँ मिले तो मुझे लगता है, जिज्जी ही तो नहीं फैली है यहाँ-वहाँ मेरी रचनाओं के आर-पार।

ठहरिए, अभी भी बात पूरी नहीं हुई। जिज्जी का परिचय अधूरा है। 'आज' के साप्ताहिक साहित्य-परिशिष्टों में वर्षों उसकी कविताएँ, कहानियाँ प्रकाशित होती रहीं। पति की मृत्यु के बाद पहला कहानी-संग्रह 'दहलीज़ का दर्द' और कुछ वर्षों-बाद 'बस इतनी-सी रोशनी' प्रकाशित हुआ।

शायद तीसरी कीमोथेरेपी दी जा चुकी थी। बहुत कमज़ोर हो गयी थीं लेकिन

फिर भी जब उनकी कॉलोनी चन्द्रा टावर वालों ने 2 अक्टूबर को उनके ही द्वारा शुरू किया गया गांधी जयन्ती वाला कार्यक्रम रखा तो छोटी बहन के लाख रोकने पर भी ज़बरदस्ती किसी का सहारा लेकर नीचे पहुँच गयी और इतना प्रेरक इतना मार्मिक बोली कि लोग आपादमस्तक रोमांचित और गद्गद थे।

मृत्यु से सिर्फ़ कुछ दिनों पहले बैंगलोर में थी। डॉक्टर ने सन्तोषजनक सुधार कहकर हमें निश्चिन्त कर दिया था। छोटी बहन का बेटा आशीष बड़े आदर से अपने पास बैंगलोर ले गया था। वहाँ भी छब्बीस जनवरी को, अचानक बिगड़ती तबीयत के बावजूद उसकी बिटिया के लिए देश के संविधान और देशभक्ति से जुड़ा भाषण लिखा, उसे बोल-बोलकर रटाया—और जब वह बोल रही थी तो न जा सकने की हालत में बालकनी पर जाकर, जितना सुन सकती थी, रेलिंग पर टिकी-टिकी सुनती रही। और इसके सिर्फ़ कुछ दिनों बाद, अपने अवसान से दो दिन पहले, आशीष के विवाह की वर्षगाँठ पर सारी शक्ति लगाकर उन्हीं सुरीले स्वरों में गाया—'सुनो मोरे बन्धुरेऽऽऽ सुनो मोरे मितवा'...

कई वर्षों तक रोडियों में भी अपने लिखे गीत, लोकगीत (समूह में) गाती रही थीं। लोकगीत का उसका बनाया और ट्यून किया एक चौमासा कभी भूलता नहीं मुझे—

भींजत होइहैं हो, (तेज़ वर्षा में...) राम लछमन हमार...

वाराणसी के आकाशवाणी केन्द्र से उसकी कविताएँ, कहानियाँ प्रसारित होती रहती थीं। दूरदर्शन पर भी कविता-पाठ हुए। सबसे बड़ा अवदान उसका वाराणसी के चन्द्रा टावर के निवासियों को है जहाँ जीवन के अन्तिम दस-बारह वर्ष व्यतीत किये उसने। यह शायद एकमात्र कालोनी थी जहाँ जिज्जी के नेतृत्व में पन्द्रह अगस्त, गांधी और शास्त्री जी की जयन्ती, बच्चों का क्रिकेट और महिलाओं की भी खेल स्पर्द्धाएँ आयोजित होतीं तथा श्रावणी तीज और जन्माष्टमी भी मनायी जाती। जिज्जी के जाने के दो वर्ष बाद, इस वर्ष भी, कॉलोनी वालों ने उसके चित्र को माला पहनायी और कार्यक्रम आयोजित किये। मेरी प्रशंसा पर उन्होंने कहा, "हम उनके लिए उतना कहाँ कर पा रहे हैं जो वे हमारे लिए कर गयीं।"

बहुत सारी कहानियाँ है और अन्तहीन यादें...सचमुच, जिज्जी आजीवन लथपथ कर देने वाले कीचड़ में कुमुदिनी की तरह खिली नहीं रही बल्कि जब तक जीवन रहा, अपने चारों तरफ़ कमल-वन निर्मित करती रही। तब मेरे लिए उससे ज़्यादा सुन्दर, स्त्री की कोई दूसरी छवि हो भी कैसे सकती है!

आप अंग्रेजी में लिखती होतीं तो...

गोपाल राय जी का जाना, सिर्फ़ एक व्यक्ति का दुखद अवसान भर नहीं है, यह हिन्दी साहित्य के साहित्यालोचन की गौरवशाली परम्परा के अन्त का, अवसन्न कर देने वाला अहसास है। अन्तिम साँस तक हिन्दी समीक्षा के नॉट-आउट रहे खिलाड़ी की उस पारी का अन्त है जिसकी दूसरी शुरुआत अब सम्भव नहीं।

पिछले कई वर्षों से अस्वस्थ चल रहे थे। दशकों दशक लम्बे, सार्थक, संघर्षरत जीवन के अन्तिम अध्याय का काउंटडाउन शुरू हो गया था...फिर भी सबके अन्दर उनके होने का अहसास था...एक बड़ी आश्वस्ति थी, इस निरन्तर सत्वहीन होते जा रहे शॉर्टकट के समय में।

लेखन के प्रति उनके जैसे समर्पण, अनुशासन और कार्यक्षमता की दूसरी मिसाल आसपास ढूँढ़नी कठिन थी। शब्दों का संसार उनकी जिजीविषा की संजीवनी से ऊर्जा पाता था। साहित्य को बरतने के सातव्य और अनुशासन से समृद्ध होता था। इच्छाशक्ति के ऐसे धनी थे कि अन्तिम दशकों में आयुजन्य शारीरिक अक्षमताओं की आहट लगने के बावजूद कहानी और उपन्यास से जुड़ी अपनी वृहत् योजनाओं को पूरा करने की गति और ज़्यादा व्यवस्थित, और ज़्यादा तेज़ कर दी थी। और अन्ततः पूरा करके ही विश्राम लिया। यह बहुत बड़े जीवट का श्रमसाध्य कार्य था जिसे उनके जैसा दुर्धर्ष योद्धा ही पूरा कर सकता था।

उन वर्षों में कहानी के इतिहास पर चलते अपनी विशद शोध के दौरान यदा-कदा मुझसे मेरी कहानियों के लेखन और प्रकाशन वर्षों से जुड़े ऐसे-ऐसे प्रश्न पूछ लिया करते थे जिनकी स्वयं मेरे पास कोई प्रामणिक जानकारी नहीं हुआ करती थी। मैं परेशान हो जाया करती थी। लेकिन वे बिना विचलित हुए या झुँझलाये कहीं न कहीं से, किसी न किसी तरह अधिकतम की सही जानकारी उपलब्ध करके ही रहते थे।

मेरी कहानियों से जुड़ी उनकी, गुप्तचर-सी 'क्रॉस क्वेश्चनिंग' मुझे विस्मित कर दिया करती थी।

विचार और दृष्टि की सुस्पष्टता उनके व्यक्तित्व की बहुत बड़ी पूँजी थी। भरपूर आत्मविश्वास से, आवेश में आये बिना, नाप-तौलकर अपनी बात कहने और निर्द्वन्द्व भाव से आरोप-प्रत्यारोपों को सुनने का अपरिमित धैर्य था उनमें।

वर्षों पहले कलकत्ते में हुई 'हिन्दी साहित्य संसद' की राष्ट्रीय संगोष्ठी में पहली बार सुना था उन्हें। हिन्दी के महत्त्वपूर्ण उपन्यासों पर सुचिन्तित, सन्तुलित धाराप्रवाह बोलते हुए, प्रशंसात्मक संस्तुतियों के बीच कहानी-उपन्यास के अमूर्तन पक्ष पर अपनी असहमति प्रगट करते हुए विनोद कुमार शुक्ल के उपन्यासों का उदाहरण दिया था उन्होंने। यह भी कहा था कि रचनात्मक विधाओं में एक सीमा से ज़्यादा अमूर्तन नहीं चला करता। विशिष्ट थी उनकी अपने विचारों की स्थापना की शैली। निश्चित रूप से बाद में उनकी असहमति की प्रतिअसहमतियाँ आनी अनिवार्य थीं लेकिन वे सस्मितभाव से उन्हें ग्रहण और वहन करने के लिए प्रस्तुत थे। उनकी वह मुद्रा भी मेरे लिए अनुकरणीय थी।

अपनी बात को पुनः-पुनः प्रमाणित या सिद्ध करने की उतावली उनमें कभी नहीं होती थी न अपनी वैचारिक स्थापना को लेकर किसी तरह का विचलन। दूसरों से अपनी तर्क को मनवाने का हठ भी नहीं। उनका अहंकार विहीन आत्मविश्वास चकित करने वाला था।

एक बार मुम्बई की किसी साहित्य संगोष्ठी में आये थे। सम्भवतः मेरा वार्डन रोडवाला फ़्लैट, आयोजन-स्थल के पास था और दोपहर के भोजन की समय और सुविधा भी थी। वरिष्ठ समीक्षक और उनके मित्र डॉ. त्रिभुवन राय भी साथ थे। अमरकान्त के 'दोपहर के भोजन' से शुरू हुआ बातों का सिलसिला मेरी कहानियों तक चला तो अनायास मैं सहज विनोदीभाव से कह गयी थी कि–मेरे घर में पति से बच्चे तक, कोई मुझे लेखिका के रूप में बिल्कुल नहीं जानता, मानता।

छूटते ही गोपाल राय जी, अपनी सहज निर्द्वन्द्वता से दो-टूक लहजे में एक बड़ा सच बोल गये थे–"आप अंग्रेज़ी में लिखती होतीं तो वे आपको जानते भी, मानते भी।"

ऐसी सहज निर्भीकता और निर्द्वन्द्वता से खरा सच बोल जाना उनकी आदतों में शामिल था। उनकी प्रकृति-प्रदत विशिष्टता। मेरे उपन्यास 'यामिनी-कथा' पर, जो शायद उन्हीं दिनों आया था, स्वयं सविस्तार बोलने के बाद एक छोटे-से वाक्य में

यह कहना भी नहीं भूले कि अब हमें आपकी उस कृति की प्रतीक्षा है, जिसमें आप अपने को पूरी तरह झोंक दें...

कृति के माध्यम से रचनाकार की सम्भावनाओं के अन्दर तक पैठकर थहाने की उनकी अद्‌भुत क्षमता का परिचायक था, यह वाक्य।

धुन के पक्के तो थे ही। बिना वैसे जीवट और जुनूनी हठ के 'समीक्षा' जैसी अपनी तरह की अकेली मानक पत्रिका का अकेले दम पर सम्पादन, वह भी दो-चार साल नहीं, समूची आधी सदी तक, सम्भव था ही नहीं। ('समीक्षा' के वर्ष 48, अंक एक में, गोपाल राय जी के पुत्र सत्यकाम जी के अनुसार समीक्षा का पहला अंक वर्ष 67 में निकला था। अर्थात् दो-कम पचास वर्षों की अनथक साधना) आर्थिक संसाधनों के सुदृढ़ आधार के बिना नियमित प्रकाशित होने वाली ऐसी पत्रिका का सम्पादन ही व्यक्ति को तन-मन और उपार्जन के उपायों से थका डालने के लिए बहुत होता है लेकिन गोपाल राय जी इस सबके बावजूद अपनी सारी मनोकांक्षी योजनाओं में जुटे रहे। तन से भी ज़्यादा ऊर्जस्ति उनका मन था जो शरीर को थकने की इजाज़त नहीं देता था। तभी तो हिन्दी के पहले उपन्यास, 'देवरानी जेठानी की कहानी', (जैसा उन्होंने माना) से लेकर प्रेमचन्द, अज्ञेय, रेणु, दिनकर और यशपाल तक की कृतियों को तो अपने मौलिक विवेचन से समृद्ध किया ही, 'साहित्याब्द कोश' से लेकर हिन्दी उपन्यास और कहानी के सौ वर्षों के इतिहास और विकास के समग्र आकलन वाली अपनी वृहत् और महत्त्वाकांक्षी योजना को भी समापन तक पहुँचाकर ही विश्राम लिया। यह उनके अजेय और दुर्घर्ष जीवट का ही काम था। तभी तो लगता है, हिन्दी साहित्य आलोचना की किसी दूसरी ऐसी पारी की कल्पना दुष्कर है।

‘धर्मयुग’ से धर्मवीर भारती तक : मेरी रचना-यात्रा की गंगोत्री

मुम्बई के कलानगर में, ‘शांकुन्तल’ की तीसरी मंज़िलवाले फ़्लैट की आयताकार बैठक और साथ लगी स्टडी में, दीवाली के अनारों-से छूटते भारती जी के ठहाके अब इतिहास बन चुके हैं...लेकिन प्रतिध्वनियाँ अभी शेष हैं। जब भी जाओ, गूँजती महसूस होती हैं। उस इतिहास को दुहराना एक आदत-सी बन गयी है। इसलिए भी क्योंकि वह मेरी लगभग आधी सदी लम्बी क़लम की यात्रा के साथ अभिन्न रूप से जुड़ा है। कृतघ्न न बनू तो ‘धर्मयुग’ और धर्मवीर भारती मेरी रचना-यात्रा की गंगोत्री भी रहे, चारों धाम भी। (मैं ‘लेखन’ को हमेशा तीर्थयात्रा की तरह ही सोचती और कह भी पड़ती हूँ...)

अब चारों धाम की यात्रा, कोई रोज़-रोज़ थोड़ी की जाती है...और जब भी की जाती है तो एक-एक पग सँभालकर, सावधानी और पूरी निष्ठा के साथ। अपने लिखे को लेकर जो एक संयत क़िस्म की जवाबदेही हमेशा अपने अन्दर महसूस की है मैंने, वह संस्कार भी ‘धर्मयुग’ और धर्मवीर भारती के ही रोपे हुए हैं। निश्चित रूप से यह उस नीले, छपे अक्षरों वाले कार्ड का भी प्रभाव था जो नये लेखकों द्वारा, रचना भेजने सम्बन्धी प्रश्नाकुलताओं के उत्तर में ‘धर्मयुग’ की तरफ़ से भेजा जाता था। अक्षरश: स्मृति न होने पर भी ध्वन्यार्थ कुछ इसी तरह का–

‘...आपको अपनी रचना की मौलिकता और उत्कृष्टता पर पूरा विश्वास हो तभी भेजें–क्योंकि ‘धर्मयुग’ का कलेवर अत्यन्त सीमित है, अत: बहुत कम ही रचनाएँ स्वीकृत हो पाती हैं...’

यह प्रभामण्डल था उस पत्रिका का जो नये लेखक को लम्बी दौड़ के खिलाड़ी की तरह सावधान और समृद्ध कर देती थी।

शायद इसीलिए जब ‘धर्मयुग’ से मेरी पहली व्यंग्य रचना (‘खाना ईंट, आना

समाजवाद का...' मार्च' 73) की स्वीकृति आयी तो 'बौरी लौ दौरी फिरै, अँगना-अँगना माँहि' से कम उत्तेजना नहीं व्यापी थी। वह भी तब जब कि कुछ महीनों पहले ही 'सारिका' जैसी शीर्ष-कथापत्रिका में प्रकाशित पहली कहानी ('जिज्जी', अक्टूबर 72) का रोमांच अपनी जगह क़ायम था, और कमलेश्वर जी ने तो मेरी अगली कहानी 'निर्वासित' की प्रशंसा में पत्र और बम्बई आने का निमन्त्रण तक दे डाला था।

लेकिन 'धर्मयुग' और डॉ. भारती ने, अलीगढ़ प्रवास के उन दो-ढाई वर्षों में मेरी व्यंग्य, कहानियाँ और बच्चों तक पर रचनाएँ मँगवायी अवश्य, और बिना एक भी रचना लौटाये प्रमुखता से छापीं भी लेकिन दो एक पंक्तियों की औपचारिक प्रशंसा से ज़्यादा की उदारता कभी नहीं बरती। और तो और जब मैंने अलीगढ़ से स्थायी रूप से बम्बई आने की सूचना इन सम्पादकद्वय को दी तो जहाँ कमलेश्वर जी ने लौटती डाक से–'...बम्बई से बेहतर शहर हिन्दुस्तान में दूसरा नहीं', लिखकर हौसला अफ़जाई की, वहीं डॉ. धर्मवीर भारती की ओर से कोई प्रतुत्तर नहीं... स्पष्टतः कमलेश्वर कहीं ज़्यादा उदार लगे थे मुझे। वह तो बाद में धीरे-धीरे जान पायी कि नये लेखक के प्रति अतिरिक्त उदारता और छूट बरती जाने के ज़रा भी पक्ष में नहीं थे डॉ. भारती। (तो मेरी रचनाएँ छाप रहे थे, यही क्या कम था।)

कैसे मैं क्रमशः उनकी इस अनुशासित कार्य-प्रणाली की क़ायल होती गयी, इसके लिए उस रोचक फ़्लैशबैक में जाना होगा जब नयी-नयी अलीगढ़ से बम्बई आयी मैं, अपने पहले उपन्यास (मेरे सन्धि-पत्र) की पाण्डुलिपि लेकर टाइम्स ऑफ़ इंडिया के धर्मयुग विभाग में पहुँच गयी थी। घुसते हुए मेरे पैर सनसनाये थे, घबराहट चरम पर। क्योंकि दोनों तरफ़ क़तार में लगी मेज़ों के पीछे बैठे प्रायः सभी उपसम्पादक मुझे पहचान रहे थे। अभिवादनों के ख़ास नर्वस आदान-प्रदानों के बीच मैं, सीधी वरिष्ठ सह-सम्पादक मनमोहन सरल जी की टेबुल तक जाकर रुक गयी थी। सरल जी हमेशा की सरल, तरल। अन्य उपसम्पादकों की ओर देखकर मुस्कराते हुए संकेत किया कि व्यंग्य, कहानी नहीं बाक़ायदे उपन्यास लेकर आयी हैं अलीगढ़ से। फिर आत्मीय भाव से पूरी स्थिति स्पष्ट कर दी कि देखूँगा मैं ही पहले, संस्तुति भी मेरी ही होगी...लेकिन अन्तिम निर्णय 'डॉक साब' का ही होगा...

"जी बिल्कुल...तो मैं चलती हूँ..." सरल जी घोर आश्चर्य से पूछते हैं–"भारती जी से मिलेंगी नहीं?"

मेरे पैरों में वापस सनसनी व्यापती है। अचानक अधटूटे वाक्यों में बोलती हूँ–

"भारती जी से?...मैं! मिलकर क्या करूँगी? मेरा मतलब है, क्या कहूँगी..." उनका समय आदि, इत्यादि...सरल जी समझाते हैं–"कैसी बातें करती हैं? कहाँ-कहाँ से लोग आते हैं और आप बम्बई/धर्मयुग कार्यालय आकर भी बिना उनसे मिले..."

"जी आप ठीक कहते हैं" मैं अपने अधकचरेपन पर शर्मिन्दा, अपनी त्रुटि सुधारती हूँ–"अगली बार अवश्य!" और छुटकारे की साँझ लेती बाहर आ जाती हूँ।

अगली बार पति को भी साथ लेकर गयी। सरल जी ने उपन्यास के लिए बधाई दी। यह भी कहा कि विशेषकर तीसरा खण्ड उन्हें बहुत पसन्द आया। फिर भी अन्तिम निर्णय तो डॉक साब ही; और बात समाप्त कर दी।

स्लिप भिजवा दी गयी थी, आश्चर्य, बुलावा भी जल्दी आ गया। (या मुझे लगा) अब आगे-आगे पति, पीछे मैं...हथेलियाँ वापस पसीज रही हैं और क़दमों में सहमियत।

केबिन में सामने डॉ. भारती। आँखों पर मोटे फ्रेमवाला काला चश्मा, चेहरे पर शालीन मुस्कान...पूरे व्यक्तित्व में एक संजीदी कशिश...खड़े होकर पति से हाथ मिलाते हैं और मेरी सलज्ज नमस्ते के जवाब में बैठने का संकेत करते हैं। अब नज़ारा ये कि लेखिका तो मैं, उपन्यास मेरा। क़ायदे से मिलने भी मैं ही आयी हूँ लेकिन बातें सिर्फ़ पति से ही की जा रही हैं...उनकी मल्टी नेशनल कम्पनी से लेकर इस नये शहर मुम्बई की रिहाइश तक, दुनिया जहान की बातें...सिगार झाड़ते हुए, कभी काले चश्मे का फ्रेम ठीक करते हुए और कभी कुर्सी के पीछे अपनी विशिष्ट मुद्रा में गर्दन और पीठ टिकाते हुए–और मैं?...जैसे इस केबिन में हूँ ही नहीं... अपनी पहचान और अस्तित्व से हीन, अपनी औक़ात को कौड़ियों में तौल रही थी यह लेखिका (?)

अन्ततः मेरे धैर्य की अग्नि परीक्षा समाप्त हुई। हम उठने को हुए तो मेरी तरफ़ मुड़े। भरपूर गहरी दृष्टि मुझ पर टिकाते हुए एक-एक शब्द (जैसे मुझे भी) तौलकर भरपूर आत्मीयता से बोले—

"आपका उपन्यास मुझे काफ़ी पसन्द आया। ख़ासकर सौतेली माँ और बच्चियों के बीच की प्रगाढ़ता को आपने जिस ऐंगिल से रेखांकित किया है। हम इसे 'धर्मयुग' में प्रकाशित करेंगे।...'लेकिन'..." और इस लेकिन के बाद थोडे ठहरे-से—

"मैं चाहता हूँ, उपन्यास के तीसरे खण्ड को आप एक बार फिर देखकर तराश ले जायें..."

इतनी-सी देर में उत्तेजना का एक पूरा ब्रह्माण्ड डोल गया था, मेरे अन्दर। जाने

कितने इन्द्रधनुषों ने पंख पसार दिये थे, कल्पना के आकाश में...कि इस 'लेकिन' ने रंग में भंग डाल दिया।

अनायास मैंने हिम्मत बटोरी और अपनी सहमी आवाज़ को भरपूर आत्मविश्वास से साधते हुए बोल गयी–

"लेकिन मान लीजिए, मैं दुबारा देखने के बावजूद, आपकी अपेक्षानुसार न तराश पायी तो?..."

"तो?" कहकर अर्थपूर्ण ढंग से वापस दृष्टि मुझ पर टिकाते हुए मुस्कराये–"तो हम इसे ऐसे ही छापेंगे।"

कहते हुए उनके चेहरे पर छिटकी विनोदी वत्सल हँसी–'कहई तुम्हार मरमु मैं जाना' की पुष्टि कर रही थी।

यह अविस्मरणीय घटित था, मेरे लेखकीय जीवन का...और पहला साबका भारती जी की उस मुस्कान से जो जितनी खिलन्दड़ी थी, उतनी ही संजीदी, उतनी ही अर्थपूर्ण और रहस्यमयी भी। आसान नहीं था उनकी सम्मोहक मुस्कराहटों का रहस्यादेघाटन। बाद के वर्षों में तो ख़ैर जाना ही जाना किन्तु उस दिन, उन मात्र कुछ क्षणों में जान गयी कि यहाँ अनुशासन और नियन्त्रण की अदृश्य रेखाओं की अपनी अहमियत है। प्रगल्भता और वाचालता की कोई गुंजाइश नहीं बनती यहाँ। आसमानी उड़ानों की जगह, ज़मीनी सच्चाइयों को प्राथमिकता दी जाती है। साथ ही 'धर्मयुग की गरिमा और प्रतिष्ठा' से जुड़े वाक्य-खण्ड नीति वाक्यों की तरह हर जगह प्रतिध्वनित होते रहते थे।

धीरे-धीरे जाना, समझ में आया यह एक 'औरा' था जिसके साथ नाम बेशक 'धर्मयुग' का जुड़ा था पर था वह धर्मवीर भारती का...'धर्मयुग' जैसे एक पत्रिका नहीं, एक मुकम्मल शख़्सियत, एक मिल्कियत हो...हर सप्ताह की चुनौती और रोमांच भी...'उपलब्धि तो ख़ैर थी ही–ये संस्कार मिले थे समूचे सम्पादकीय विभाग को डॉ. भारती से। हल्केपन से नहीं लिया जा सकता था, वहाँ किसी नियम-निर्देश को। नवोदितों को मिली आवश्यकता से अधिक प्रशंसा, प्रोत्साहन, साहित्य और स्वयं उस लेखक के लिए अनिष्टकारी हो सकता है, इसके पक्षधर डॉ. भारती को, शायद इसीलिए, 'धर्मयुग' में अपनी 'रेस' और 'लाल पलाश के फूल' जैसी लम्बी कहानियों के चर्चित हो जाने के बाद भी 'पति' को साथ लेकर आयी लेखिका की सहमियत और संकोच भला लगा था।

मैंने ही कहीं उनके बारे में लिखा है–

'उनका सान्निध्य हमेशा एक आत्मीय ऊष्मा से भरा-पूरा रहता। जो जाता,

कभी ख़ाली-ख़ाली-सा नहीं लौटता। बेशक उनकी अपनी पसन्दगी, नापसन्दगी थी, परखने की कसौटी भी–लेकिन कुल मिलाकर, उनके समूचे व्यक्तित्व में एक ऐसी काशिश-भरी संजीदगी, शालीनता और अनुशासित आत्मीयता का समन्वय था जो बड़े-बड़ों में भी दुर्लभ हुआ करती है।

'भय बिनु होइ न प्रीति' वाली उक्ति की चरितार्थता और सही तात्पर्य मैंने उनके सान्निध्य में ही पहली बार जाना। पास बैठो तो जितना संकोच, आदर और भय, उतनी ही जाड़ों की धूप-सी गुनगुनी उनकी सहज आत्मीयता की ऊष्मा हुआ करती थी।

एक-एक शब्द सुस्पष्ट क़रीने से तराशा हुआ होता था उनका। वाक्य भी बनावट से लेकर लहजा तक ग़ज़ब के आत्मविश्वास और इत्मीनान से भरपूर कि सुनने वाले के अन्दर शिलालेख की तरह ख़ुदता चला जाये...लेकिन सारा कुछ सहज, निर्बाद्ध और अकृत्रिम...

उन दिनों 'धर्मयुग' में छपना हर नये-पुराने लेखक की एकमात्र ख़्वाहिश हुआ करती थी। युवा लेखक तो भारती के व्यक्तित्व के सम्मोहन की पूरी तरह गिरफ़्त में थे। लेकिन संजीदगी और सम्मोहन अपनी जगह, 'सन्तुलन' और अनुशासन अपनी जगह। इस अनुशासित कार्यप्रणाली के बल पर ही उन्होंने साहित्य और पत्रकारिता की दुनिया में 'धर्मयुग' जैसा करिश्मा कर दिखाया था। इसकी बहुत बड़ी क़ीमत भी चुकायी थी उन्होंने। अपने कृतित्व का सर्वस्व स्वाहा कर। बड़ी उपलब्धि की बड़ी क़ीमत भी होती है...लेकिन भारती जी ने जितना खोया उससे बहुत ज़्यादा दिया, हिन्दी साहित्य और हिन्दी के पाठकों को। इतना कि आज भी लोग पूछते हैं, हिन्दी की सर्वश्रेष्ठ पत्रिका कौन सी है इन दिनों? जैसी कभी 'धर्मयुग' हुआ करती थी।

उनकी सख़्ती की तो बहुत कहानियाँ सुनी हैं पर जाने कैसा आतंक था उनकी सदाशयता (मुझ पर) का भी, कि मैं स्वयं, 'धर्मयुग' में भेजी जाने वाली अपनी हर रचना प्रत्येक कोण से कई-कई बार जाँचने-परखने और तराशने के बाद ही भेजती थी।

प्रत्येक सप्ताह आने वाली इतनी-इतनी रचनाओं को पढ़ने और उन पर निर्णय लेन के साथ-साथ उन्हें प्राय: हर लेखक की रुचि और उसकी रचनाओं की प्रकृति तक स्मरण रहा करती था। एक बार मोहन राकेश की कहानी 'उसकी रोटी' पर बनी कला फ़िल्म देखने के बाद मुझे एक तीखी और खिलन्दड़ी व्यंग्य रचना सूझ गयी। 'धर्मयुग' के 'बैठ-ठाले' स्तम्भ में 'देखना एक कला फ़िल्म का' शीर्षक से

प्रकाशित भी हो गयी थी। अगली बार मिलने पर किसी सन्दर्भ में मैंने बताया तो मुस्कुराकर बोले–'मैं पढ़ते ही समझ गया था...और इससे कुछ ही सप्ताह बाद 'धर्मयुग' से पत्र आता है, कृपया आगामी फ़िल्म विशेषांक के लिए 'कला फ़िल्मों का जादू : उतरता-सा क्यों?...विषय पर अपना आलेख शीघ्र भेजने का कष्ट करें... यह उनकी याददाश्त का करिश्मा था...

'धर्मयुग' तथा 'सारिका' में प्रकाशित मेरी कहानियों 'मुँडेर पर' तथा 'पीले फूलों वाली फ्रॉक' के कुछ ही महीनों बाद किशोरवय पर केन्द्रित विशेषांक के लिए मुझसे आवरण कथा लिखने का आदेश भी इसी तरह आया था।

प्राय: मेरी कहानियों पर एक दो पंक्तिया लिख दिया करते थे लेकिन, विदेश चले गये बेटे की कचोट से भरी मेरी कहानी 'अखीरवीं विदा' उन्हें अन्दर तक हलकोर गयी। पहले पुष्पा जी का फ़ोन आया–"सूर्यबाला! बहुत रुलाया तुमने..." और बाद में उनसे फ़ोन लेकर बोले–"कहाँ से लायीं यह भाषा?"

मन से आती आवाज़ को ही शब्द दिये–"ये आप पूछ रहे हैं?..."

फ़ोन पर भी की वत्सल मुस्कान देख सकती थी मैं...

लेकिन इतने भर नहीं थे भारती। 'धर्मयुग' के पूरी तरह होकर भी बहुत कुछ और भी थे, डॉ. भारती। इतने राग, विराग, करुणा और आक्रोश की अलग-अलग मुद्राएँ थीं उनकी कि कोई बीच रास्ते भटककर सोचने लग जाये कि इनमें असली भारती कौन हैं...तन्मय श्रृंगार से चरम निर्वेद तक पहुँचने वाले, प्रेम की कचोट से दर्शन, अध्यात्म के छोरों को छूते हुए निकल जाने वाले और अतीत की विनाशलीलाओं से वर्तमान के जनमानस की हताशा को जोड़ने वाले डॉ. भारती को उन्हीं की बैठक में–कुँवर नारायण, जावेद अख़्तर, पद्‌मा सचदेव, वसन्त देव, दीप्ति नवल, शिवानी जी और गुलज़ार के बीच खिलन्दड़ी ठिठोलियों के साथ सदाबहार ठहाके लगाते देखकर विश्वास नहीं होता था कि ये वही भारती हैं। लेकिन वे थे ही ऐसे। ठिठोलियाँ भी ऐसे निर्मल परिहास से भरी होतीं कि जिस पर की जायें, वह भी आत्मीय ऊष्मा से सराबोर हो जाये।

बड़े से महान तक, लेखक, कलाकार, संगीतज्ञ, विचारक, उन दिनों कौन नहीं होता था, उनकी निकटता का आकांक्षी। लेकिन उनके मन की थाह लगाना आसान नहीं था। कभी-कभी बड़े मर्मज्ञ, विचारक और ज्ञानी-ध्यानियों की तुलना में अतिसामान्य अपढ़े से आदमी के साथ भी उन्हें घुल-मिलकर बोलते-बतियाते देखा जा सकता था। सम्भवत: 'धर्मयुग' में रहते हुए और वैसे भी साहित्य के जिस शिखर

पर वे आसीन थे, वहाँ से शिखर पुरुषों में व्याप्त प्रतिस्पर्द्धा और महत्त्वाकांक्षाओं की दौड़ का मर्म उन्होंने जान लिया था। इसलिए सामान्य जीवन से जुड़े, सरल-सहज लोगों के बीच, एक ऐसी निष्कपट आत्मीयता की तलाश उन्हें रहती थी जहाँ सारे लबादे उतारकर अपने को खुला, मुक्त छोड़ जीवन के बहुत छोटे, न दिखने वाले, अदृश्य और अमूल्य को सहेजा जा सके...

पुष्पा जी सी समर्पित, सुदर्शना, सहधर्मिणी ('पुष्पा जी' बोलते तो जैसे मुँह में मिश्री घुली होती) और बच्चों से भरा-पूरा परिवार...यश, प्रसिद्ध और दबदबे का कोई और छोर नहीं, जमावड़ा लगा ही रहता था...लेकिन इन्हें लेकर कभी उन्हें आत्ममुग्ध होते नहीं देखा। आत्मविश्वास था लेकिन आत्ममुग्धता नहीं। याद नहीं पड़ता कि कभी मैंने उन्हें अपनी किसी कृति या रचना पर रुचि, रस लेकर बात करते देखा हो। बल्कि कभी-कभी तो विषय बदल देते जब कि प्राय: वरिष्ठ, दिग्गज विभूतियाँ, अन्यान्य प्रसंगों के बीच भी, अपने कृतित्व की चर्चा का लोभ संवरण नहीं कर पातीं। इससे अलग, भारती जी को सामान्यत: लोगों के बीच अपना नाम तक बताने से परहेज़ होता। पुष्पा जी बताती हैं, "कभी-कभार यात्राओं के दौरान किसी ने थोड़ा बहुत पहचानने की कोशिश की और पूछ लिया कि कहीं आप धर्मवीर भारती तो नहीं?...तो निहायत भोली मुद्रा बनाकर कहते कि नहीं भइया, हमारी शक्ल ज़रूर उनसे मिलती-जुलती होगी लेकिन हम भारती नहीं हैं।"...उन्हें पता होता कि धर्मवीर भारती होकर न सामान्य लोगों के बीच घुला-मिला जा सकता है न उनमें से एक होने दिखाने की अपनी तलाश पूरी की जा सकती है।

ऐसे अनगिनत प्रसंग हैं, स्मृतियों के उलझते-सुलझते धागे...जिन्हें क़रीने से पिरो पाना आसान नहीं!...

अलविदा से पहले...

उन्हें गये छह हफ़्ते से ऊपर हो गये हैं। इलाहाबाद के त्रिवेणी-संगम पर अस्थि फूल प्रवाहित किये जा चुके हैं।

जल में जल, मिट्टी में मिट्टी, आकाश में आकाश और वायु में वायु तत्त्व विसर्जित, विलीन, हो चुके हैं–

लेकिन उन्हें 'दिवंगत' या स्वर्गीय कहते अभी भी आँच-सी लगती है–

और उस घर की ओर उठने से पहले, क़दम थम-से जाते हैं।

चार सितम्बर की सुबह तो अजीब बदहवास मन:स्थिति थी। सिर नवाकर लौट आयी थी। रुका न गया था। लेकिन फिर जाया भी न गया! फ़ोन पर नम्बर घुमाती लेकिन आवाज़ भटक-सी जाती। बेटी प्रज्ञा ने भी समझाया था, "आंटी! ममी बहुत डिस्टर्ब हो जाया करती हैं, किसी को देखते ही। समय लगना है, उन्हें सँभलने में..."

सँभालने की ज़रूरत हर किसी को ख़ुद भी पड़ती है अब उस घर में दाख़िल होने से पहले।

'घर' यानी 'शाकुन्तल' की तीसरी मंज़िल का वह फ़्लैट जिसकी बैठक, स्टडी में अनारों-से छूटते उन्मुक्त ठहाके अब इतिहास बन चुके हैं।

ख़ूब बड़ा-सा आयताकार अध्ययन-कक्ष, दीवारों पर चारों तरफ़, फ़र्श से छत तक ऊँची, शेल्फ़ों में सिलसिलेवार चुनी हुई पुस्तकें...अपनी सारी शब्द-सम्पदा सहित, वह कक्ष मौन है, श्रीहीन, सूना-सनाका। कक्ष में रखी उनकी वह कुर्सी ख़ाली है।

पुष्पा जी ने उसे एक रेशमी चादर से ढाँप दिया है! ख़ाली हो गयी कुर्सी को देख पाना उनके वश के बाहर की बात है...

बरसों-बरस का, छाया-सा घुल-मिला साथ अचानक ही बीचो बीच छूट गया।

नौ वर्ष पूर्व, नवासी में भी, भयंकर हृदयाघात के बाद, बेहद जटिल बाइपास सर्जरी के दौरान मुम्बई के बाम्बे हॉस्पिटल में भारती जी मौत के साथ दुर्धर्ष संघर्ष

से जूझ रहे थे। मृत्यु खलनायिका-सी ताक लगाये बैठी थी। मुम्बई के साहित्यिकारों, मित्रों ने उस अघट्य के लिये अपने आप को तैयार-सा कर लिया था। हर दिन समाचार-पत्रों में भारती जी का स्वास्थ्य बुलेटिन छपता था लेकिन वह एक ऊपरी सांत्वना भर ही लगता था। बात 'अब-तब', और 'कभी भी' के दरम्यान हिचकोले खा रही थी। आई.सी.यू. में भरती, भारती जी वाला बाहरी बरामदा, मित्रों, शुभेच्छुओं से खचाखच भरा रहता था।

लेकिन पुष्पा भारती ने उन दिनों अपनी समूची आत्मिक ऊर्जा और चेतना से जैसे मृत्यु को ललकार दिया था। अपने वजूद से बेख़बर, बदहवास, हफ़्तों भारती जी के पलंग के सामने कुर्सी में धँसी, टकटकी लगाये जैसे एक-एक टोह लेती रहतीं, एक-एक साँस की, कहीं चूक न हो जाये। कृत-संकल्प, मृत्यु को चुनौती देती पुष्पा भारती, उन दिनों बम्बई के साहित्य-प्रेमियों के बीच किंवदन्ती बन गयी थीं।

सचमुच चमत्कार घटित हुआ था। भारती जी घर लौट आये थे। ज़िन्दगी जीत गयी थी। मौत मुँह की खाकर पिछले दरवाज़े से दुबक ली थी। और तब भारती जी के सामने नहीं, केबिन के बाहर, अस्पताल के बरामदे में, दीवाल से लगी बाँध तोड़कर बहती हिचकियों वाली पुष्पा जी अपने वजूद में लौटी थीं। बाद में बताया था, उनकी ऊर्जा और शक्ति-संकल्प की प्रेरणा-स्रोत वह चिट थी जो बोलने में असमर्थ भारती ने लिखकर अस्पताल की बेड से पुष्पा जी को थमायी थी–

'मुझे कुछ नहीं होगा...अभी मुझे जिन्दा रहना है और लिखना भी है...'

वे सचमुच जिये। घर, सदाबहार, ठहाकों से भर उठा। नटखटी-वत्सलता लहलहा उठी। शारीरिक अशक्तता स्वीकारते लेकिन उसके बावजूद मन से ऊर्जस्वित। पास बैठे हुओं को एक आत्मीय ऊष्मा, इत्मीनान और आश्वस्ति सौंप जाते थे। एक दशक से ऊपर गुज़र चुके थे। यूँ ही दो चार दिनों की मामूली अस्वस्थता थी।

इसी आश्वास्ति और इत्मीनान के साथ उन्होंने पुष्पा जी को लखनऊ भेजा था, यह कहकर कि–"मेरी अस्वस्थता की वजह से, धूम-धाम से मनायी जाने वाली, भाई की पचासवीं वर्षगाँठ में आप भी न पहुँच पायीं तो मुझे बड़ी ग्लानि होगी।" 'ग्लानि' शब्द पर ज़ोर देते हुए उन्होंने पुष्पा जी को प्रबोधा था–"लौटने पर, ट्रेन टाइम पर रही तो स्टेशन पर रहूँगा।"

ट्रेन समय पर थी लेकिन स्टेशन पर भारती जी की जगह, मित्र के बच्चे। पुष्पा जी अटपटायीं तो बच्चों ने समझाया–"बस यूँ ही ज़रा-सा बुख़ार हो गया था पर अब ठीक हैं। आप चल तो रही हैं घर, देख लीजिएगा।"

सचमुच घर में घुँसीं तो सामने बैठे खाना खा ही चुके थे और हमेशा खाने के बाद खायी जाने वाली मिठाई का टुकड़ा मुँह में था।

बुख़ार उतर चुका था लेकिन बुख़ार उतारने के लिए डॉक्टर, कॉर्डियोलॉजिस्ट बुलाने से लेकर दवा खाने के लिए उन्हें राज़ी करने में बच्चों को एड़ी चोटी का पसीना एक करना पड़ा था। कारण? बस एक ही रट–"रात तक तो तुम्हारी मम्मी आ ही जायेंगी...वे दवा दे देंगी न!"

सचमुच दवा-परहेज़ के सारे ब्योरे पुष्पा जी को ही रटे-रटाये थे। कभी बाहर जाना होता तो पॉलीथीन की छोटी थैलियों में, ख़ुराक के हिसाब से दवाएँ रखकर, लिखकर जातीं। फिर भी हिदायत देते–"आप सात दिन की दवाओं की पुड़िया बना कर जाइएगा"–"लेकिन मैं तो पाँच ही दिन में वापस आ रही हूँ।"

"उससे क्या, आप सात दिन की रखकर जाइए"

दवाओं को लेकर ख़ुद पर ज़रा भी एतबार नहीं। और अब प्रेयसी-पत्नी लौटी है तो उतरे बुख़ार के हल्के मूड में प्रसन्न-चित्त, टेबिल पर बैठे-बैठे ही सब कुछ जान लेने की उत्सुकता। कैसे मनी भइया की पचासवीं साल गिरह?...पूरे कुटुम्ब का जमावड़ा और हाँ, भाभी ने मेरे लिए मिठाई भेजी या नहीं...

"वो भला कैसे भाभी भूल सकती हैं? ये लीजिए आपकी मनपसन्द, नजीबाबाद की सोन पापड़ी। लेकिन अब आज नहीं, कल खाइऐगा। आज की मिठाई तो आप खा चुके न!...लेकिन ये बुख़ार कैसे बुला लिया..."

बताया, कुछ ख़ास नहीं–"इकतीस अगस्त को एक नये अख़बार का विमोचन था। आयोजक बड़े भक्तिभाव और आजिज़ी से बुला गये थे। वहीं काफ़ी देर लग गयी। दूसरे दिन थोड़ी थकान-सी हो गयी थी। पर आज बुख़ार न जाने कैसे–छोड़िए, पहले वहाँ का हाल..."

पुष्पा जी ने चहक, हुलस, कर जो कुछ बताया, उसके साथ सबसे ज़्यादा उत्साह से यह भी जोड़ दिया–"मैंने सोच लिया है, ऐसी ही रज्ज-गज्ज और रौनक से मैं आपकी पिचहत्तरवीं सालगिरह मनाऊँगी..."

हँस दिये, उत्फुल्ल अनुराग से भरकर–"आप भी...अब मेरी पिचहत्तरवीं वर्ष गाँठ मनाने पर तुल गयीं..."

हफ़्ते भर बाद प्रेयसी के लौट आने की निश्चिन्त उत्फुल्लता। सुखी-सन्तुष्ट सोने चले गये थे।

अगले दिन पता चला, डॉक्टर मलेरिया की भी दवा दे रहे थे। उन्हें शक था। इसलिए ख़ून और पेशाब की जाँच भी ज़रूरी थी। घर पर ही आदमी बुलवाया। दोपहर बाद रिपोर्ट लाने गयीं तो रिपोर्ट पर 'मैलेकिरयल' पैरासाइट नॉट डिटेक्टेड देखकर चैन पड़ा। लेकिन पेशाब में पचास से साठ प्रतिशत पस-सेल्स। उसकी दवा जल्दी से जल्दी पड़नी थी। हड़बड़ी में लौटते हुए कार का पहिया, पिछले दिनों की तूफ़ानी वर्षा से इकट्ठे हुए पानी के गड्ढे में धँस गया। कार वहीं छोड़, पैदल घर भागीं। नीचे से ही बेटी को आवाज़ दी–'गुड़िया! (प्रज्ञा) मलेरिया नहीं है। मैं बाक़ी दवाएँ लेकर आती हूँ।'

दवाएँ आयीं।! गड्ढे में धँसा कार पहिया भी निकाला गया। शाम तक, ताप-ज्वर उतार पर। बेचैनी क़ाबू में। आराम पहुँचा तो रसपगी बतकहियों के सिलसिले फिर चल निकले...बातें, बातें और बातें–कौन-कौन मिले, क्या-क्या पढ़ा...

"आते-जाते ट्रेन में पढ़ीं न!" पुष्पा जी ने बताया–"ये देखिए आपके लिए निशान लगा कर भी ले आयी हूँ। पढ़कर सुनाने के लिए"...(पिछले दिनों एक साथ बहुत ज़्यादा पढ़ नहीं पाते थे)

सुनने की इच्छा ज़ाहिर की। बड़े मन से सुना। अपनी प्रतिक्रियाएँ व्यक्त कीं। रात ग्यारह, साढ़े ग्यारह तक कहाँ-कहाँ की बातें चलती रहीं। पुष्पा जी की मीठी फटकार के बाद ही सोने के लिए उठे।...सो गये, आकण्ठ आश्वस्ति-सुख के साथ प्रेयसी की बाहों में।

उस समय तक, दोनों में से किसी को भी भनक नहीं थी कि यह अन्तिम रात है...संग-साथ का आख़िरी पड़ाव। इस रात के भी गिने चुने लम्हों की पैमाइश शुरू हो गयी है। जीवन और महाकाल के बीच की काउंटडाउन की घड़ियाँ हैं ये...

आधी रात के बाद अँधेरे में धब्ब की सी आवाज़। ज़रूर स्नूपी कूदी, फलाँगी होगी। तभी भारती जी का क्षीण-सा स्वर उभरता है "अरे नहीं भई, उस निरीह जानवर पर मत नाराज़ हो–मैं ही बाथरूम जाने के लिए उठा था..."

"बाथरूम अकेले जाने की क्या ज़रूरत थी आपको? मुझे क्यों नहीं उठाया?"

"तुम ख़ुद क्या दिन भर कम थकी-दौड़ी हो...और फिर ज़रा बाथरूम ही तो जाना था...न जाने कैसे पैर डगमगा गये और...जो नहीं चाहता था, वही हो गया, यानी जगा ही दिया तुम्हें..."

एक कृतज्ञ प्यार की मान-भरी तुनक, स्पन्दित कर गयी थी सुनने वाली को। "दुबारा किसी भी काम से उठना, जाना हो तो अकेले नहीं जाना है, समझे आप"... की मिठ-बोली हिदायत के साथ सो गयीं।

अँधेरी रात का आधेक पहर ही और बीता होगा कि बग़ल में बेचैनी की सी आहट लगी। चौंक-कर उठीं–"क्या हुआ?" "अशक्त बेचैनी-सी लग रही है और जैसे सिर चकरा रहा है।"

पुष्पा जी हड़बड़ाती हैं–"ठहरो, डॉक्टर को फ़ोन करती हूँ, कहीं हार्ट में..."

"क्या बचपना है, इतनी ज़रा-सी बात के लिए इस वक़्त बेचारे डॉक्टर को परेशान करना। मुझे लगता है, दवा ज़्यादा तेज़ पड़ गयी है। इसी से सिर चकरा रहा है। अब इसके लिए डॉक्टर बुलाना–यह तो नहीं कि ज़रा सिर दबा दें..."

वही किया। गोद में सिर रखे, दबातीं, सहलाती रहीं। वे अस्फुट बोलते रहे कि "तुम वैसे ही दिन भर इतनी थकी थी, अब रात को भी..."

सुनी-अनसुनी करती, सिर दबाती रहीं...और जब पूरा विश्वास हो गया कि चैन पड़ा है, नींद लग गयी है, तब तकिये पर अधलेटी ही, हृदय के बीचोबीच उनका सिर रखे, झपक गयी थीं।

अचानक फ़ोन की घण्टी बजी। चौंककर उठीं। जल्दी से उनका सिर एक तरफ़ कर, फ़ोन की तरफ़ लपकीं कि कहीं नींद न खुल जाये। फ़ोन उठाया तो रांग नम्बर। उसी वक़्त ही कभी घड़ी ने टन-टनकर तीन बजाये थे शायद।

देखा, सोये ही थे। ख़लल नहीं पड़ा था नींद में। रात की जगी, थकी आश्वस्त हो सो गयीं।

सिर्फ़ दो वर्ष पहले एक समाचार-पत्र द्वारा पूछे गये इस प्रश्न पर कि कैसी मृत्यु चाहेंगे आप?–उन्होंने अपनी प्रेमगर्विता प्रेयसी पत्नी की गोद में सिर रखे-रखे सो जाने की मृत्यु-कामना की थी।

इतना ही नहीं, दशकों पहले, 'अपनी ही मौत पर' लिखे आत्म-व्यंग्य में एक निर्द्वन्द्व आत्मविश्वास के साथ लिखा था–उसने अपनी मौत की बड़ी-बड़ी रोमैंटिक कल्पनाएँ कर रखीं थीं–यों मरेंगे और यहाँ मरेंगे और ऐसे मरेंगे और ये होगा और वो होगा...वग़ैरह–लेकिन उसकी मौत, उसी के शहर में, उसी के मुहल्ले में, उसी के घर में, अपने ही कमरे में, अपने ही बिस्तरे पर हुई। रात को सोया तो सुबह उठा नहीं...'

अचानक जैसे विह्वल शोक का महानद फूट पड़ता है सहस्र धाराओं में–"यह देखो, यहाँ, ऐसे सिर दबाकर सुला रखा था, सूर्यबाला..." एक अवश उत्तेजना पुष्पा जी के समूचे वजूद को शोकोन्मत्त कर जाती है, ख़ुद-ब-ख़ुद संवाद करती सी–"मौत बड़ी चालाक थी। मेरी नींद के बीच चुपचाप, दबे पाँव उठा के ले गयी... वरना इतनी आसानी से, मेरे होशोहवास में ले जा पाती क्या..."

ओह, पुष्पा जी अभी भी सँभली नहीं हैं।

जानती हूँ, यह बेसुधी का आलम है। यहाँ कुछ भी कहना, समझाने, प्रबोधने की कोई कोशिश, बहुत निर्मम, बहुत बेमानी होगी। और फिर सच, केवल वही तो नहीं जो बाहरी, स्थूल स्तरों पर घटा करता है। सच वह भी तो है जो इन दिनों लम्हे-दर-लम्हे, इस छूटी हुई संगिनी के अन्दर तमाम सारे बहुत गहरे, बहुत अवसादी, बहुत मीठे, खटमीठे और बहुत करुण अहसासों के रूप में घट रहा है... एक-एक आँसू में हज़ार-हज़ार, झलमलाती स्मृतियाँ एक पर एक, रेले-सी आतीं और छितराती चली जाती हैं..."

'हर दिन आ-आकर इकट्ठे हो रहे पत्रों को देखोगी तो पता चलेगा, किन-किन लोगों के दिलों तक पहुँच थी उनकी। महामहिमों, विद्वानों, मर्मज्ञों, आत्मीयों की तो बात ही छोड़ो, सीधे-सादे फलवालों, मिठाईवालों, टैक्सी, रिक्शा चालकों, पानवालों तक के पत्र, शोक-विह्वल उद्‌गार...जैसे शब्दों में दिल निकालकर रख दिये गये हों, अपनी सहज, सादी भाषा में।'

'जानती हो, कभी यात्राओं के दौरान, कोई भोला-भाला व्यक्ति पूछ बैठता कि–'सुनिए, आप डॉ. भारती तो नहीं?'

वे बड़ी मासूमियत से, अपने ठहर-ठहर के बोलने वाले लहजे में समझाते– 'नहीं भइया, हमारी शक्ल ज़रूर उनसे मिलती-जुलती है, इसी से अक्सर लोग हमें ग़लती से भारती समझ बैठते हैं। लेकिन हम भारती नहीं हैं।'

ऐसे-ऐसे अनगिनत, प्रसंग स्मृतियाँ!...बातें, आख़िर कितनी दुहरायी जायें! प्रसंगों से कितना कतराया जाये! स्मृतियों के रेशमी धागों में उलझते पुलझते जाने से, कहाँ तक बचा जाये? और कैसे? क्योंकि छूट गया साथी तो हज़ार-हज़ार अक्सों में और ज़्यादा, बहुत ज़्यादा साथ हो लिया है...दीवारों पर, कार्निश पर, मेज़ों, आलमारियों पर हर तरफ़ रंगीन, सादे बेशुमार चित्र...बेपनाह संजीदगी, शाइस्तगी, एक अनुशासित गरिमा और इन्हीं सब के बीचोबीच एक मीठी शरारती चुहल...

आख़िर एक मारक नटखटी अपनी संगिनी से भी कर ही गये जाते-जाते। तभी तो अतीत एक ज़बरदस्त थपेड़े की तरह बार-बार उसे वर्तमान के रेतीले किनारे पर छोड़ जाता है और वह ख़ुद-ब-ख़ुद बुदबुदा उठती है...तुम साथ न देते तो शायद मौत भी सहम जाती एक बार, मेरे पास से तुम्हें ले जाने से पहले...

ऐसे में यह कहना भी तो कितना क्रूर, कितना निर्मम लगता है कि तुम्हारा साथी अवश था संगिनी...क्योंकि–

'मौत का एक दिन मुअय्यन है'...

डॉ. भारती : यादों के शिलालेख

बहुत ज़्यादा बेतरतीब और लदी-फँदी यादों का सिलसिला नहीं जुड़ा है, भारती जी के साथ...लेकिन जो हैं वे इतनी मुकम्मल, इतनी सुस्पष्ट कि जैसे शिलालेखों पर ख़ुदी हों।

कई बार, लिखते-पढ़ते या फिर दूसरों के साथ और ख़ुद अपने अन्दर चल रहे संवादों के बीच भी, उनकी गहरी अनुशासित आँखें ओर विनोदी चुटकियाँ अब पहले से कहीं ज़्यादा शामिल महसूस होती हैं और यादों से यादें जुड़ती चली जाती हैं...छूट गये वक़्त की बेशक़ीमती सौग़ातों की तरह!

ये सौग़ातें हैं, भरपूर विश्वास और आश्वस्ति की। उनका सान्निध्य हमेशा एक आत्मीय ऊष्मा से भरा पूरा रहता। जो जाता, कभी ख़ाली-ख़ाली-सा नहीं महसूसता। बेशक उनकी अपनी पसन्द-नापसन्दगी थी, परखने की कसौटी भी, लेकिन कुल मिलाकर उनके समूचे व्यक्तित्व में एक ऐसी कशिश-भरी संजीदगी, शाइस्तगी और अनुशासित आत्मीयता का समन्वय था जो बिरले ही देखने को मिलता है।

उनसे निकटता का दु:साहस कभी नहीं कर पायी मैं। कोशिश भी नहीं की। हमेशा एक मर्यादित, अनुशासित-सी दूरी। स्नेह और आदर से भरपूर। उनका संयत वात्सल्य, विनोद-भरी चुटकी और ज़िन्दादिली भी एक गरिमा से अभिमण्डित होती...'भय बिनु होइ न प्रीति' वाली उक्ति को चरितार्था और सही तात्पर्य में मैंने उनके सान्निध्य में ही अनुभव किया था। पास बैठो तो जितना संकोच, जितना भय, उतना ही, गुनगुनी धूप-सी फैली उनकी सहज आत्मीयता को भरपूर समेटते चले जाने की आतुरता भी।

कभी भी, कुछ भी बोलते, एक-एक शब्द, सुस्पष्ट, क़रीने से तराशा हुआ सा। वाक्य की बनावट से लेकर लहजा तक, एक आत्मविश्वास और इत्मीनान से भरपूर–सुनने वाले के अन्दर शिलालेख-सा खुदता चला जाता। लेकिन सारा कुछ सहज, निर्बाध और अकृत्रिम।

शायद यही कारण है कि, बीस वर्ष पूर्व सुने, उनके पहले वाक्य से लेकर, मृत्यु से एक दिन पहले तक का फ़ोन पर सुना वाक्य, आवाज़ तथा लहजा तक, मेरी चेतना में वैसा ही कण्ठस्थ, सुरक्षित है।

उन दिनों हम अलीगढ़ में थे। लेखन से जुड़े शुरुआती पड़ावों की बातें याद हैं। वह 'धर्मयुग' और धर्मवीर भारती का युग का। 'धर्मयुग' पत्रों, पत्रकारिता के शीर्ष पर था, और 'धर्मयुग' के शीर्षस्थ थे डॉक्टर भारती। 'धर्मयुग' में छपना उन दिनों हर नये-पुराने लेखक की महत्त्वाकांक्षा हुआ करती थी। अत: जब मेरी पहली-पहली कहानी 'अविभाज्य' की 'धर्मयुग' में प्रकाशित होने की सूचना डाक द्वारा मिली तो मेरे बावले उत्साह की सीमा नहीं थी। यद्यपि पहला व्यंग्य 'धर्मयुग' में प्रकाशित हो चुका था लेकिन पहली कहानी की स्वीकृति की सूचना का थ्रिल हीं कुछ और था। पहली कहानी 'सारिका' में भी स्वीकृत हुई ही थी। अत: पहली दो कहानियों का ही शीर्षस्थ पत्रिकाओं में प्रकाशित हो जाने से जैसे सम्भावनाओं का एक राजमार्ग-सा खुलता प्रतीत हुआ था। लम्बी-लम्बी पेंगों वाले झूले-सा मन! उड़ान भरती पतंगों-सी आकांक्षाएँ!

बावजूद इसके भारती अभी दूर थे। 'अन्धा युग', 'गुनाहों के देवता' और 'कनुप्रिया' वाले भारती। 'सूरज का सातवाँ घोड़ा', 'गुलकी बन्नो' और 'बन्द गली के आख़िरी मकान' वाले भारती। तन्मय शृंगार से चरम निर्वेद तक पहुँचने वाले, लौकिक प्रेम के अवसाद, कचोट और तलफलाहट के बीच से दर्शन, अध्यात्म के छोरों को छूते हुए निकल जाने वाले और अतीत की पुराण कथाओं से, महायुद्धों की विनाशलीला से, संहार से, आज के जनमानस की हताशा को जोड़ने वाले, 'अन्धा युग' के आक्रोशी कवि भारती...उन हाथों का लिखा, दो चार पंक्तियों का उत्साह वर्द्धक पत्र ('धर्मयुग' को भेजी अपनी किसी रचना के एवज़ में...) यदि आ जाता तो जैसे दिन सँवर जाता। विश्वास नहीं होता कि यह उन्हीं भारती जी के हाथों की लिखी पंक्तियाँ हैं।

1975 के अक्टूबर महीने में हम स्थानान्तरित होकर ग्लैक्सों के हेड ऑफ़िस बम्बई आ गये थे। स्पष्टत : यहाँ पहुँचने के बाद वी.टी. अर्थात् विक्टोरिया टर्मिनस स्थित, साहित्यकारों के तीर्थ, 'टाइम्स ऑफ़ इंडिया भवन' जाने-आने की सम्भावना एवं गतिविधियाँ बढ़नी ही थीं। उन दिनों टाइम्स ऑफ़ इंडिया की सारी शीर्षस्थ पत्रिकाएँ, यथा 'धर्मयुग', 'सारिका', 'माधुरी', 'नवभारत टाइम्स' ('दिनमान' को छोड़कर) सभी के हेड ऑफ़िस बम्बई में ही थे और इन पत्रिकाओं के सम्पादकों में डॉ. भारती, कमलेश्वर, महावीर अधिकारी, अरविन्द कुमार जैसे दिग्गज साहित्यकार हुआ करते थे।

चूँकि धर्मयुग हिन्दी पत्रिकाओं का सरताज साप्ताहिक हुआ करता था और पिछले तीन साढ़े तीन वर्षों में ही मेरी दो-तीन कहानियाँ उतने ही व्यंग्य, आलेख तथा बाल-रचनाएँ तक 'धर्मयुग' में प्रकाशित हो चुकी थीं (पति मुझे मज़ाक में कथा-लेखिका, व्यंग्य-लेखिका से ज़्यादा 'धर्मयुग-लेखिका' कहने लगे थे...)। अत: भारती जी से भी कई बार, किन्हीं कारणों से मिलने का संयोग जुट चुका था। इस बीच 'धर्मयुग' में धारावाहिक प्रकाशित होने वाले मेरे उपन्यास 'मेरे सन्धि-पत्र' ने भी थोड़ी बहुत धूम तो मचायी ही थी...

उन्हीं दिनों एक शाम पुष्पा भारती जी का फ़ोन आया, हम दोनों को अगली शाम रात्रि भोजन के लिए उनके निवास पर आमन्त्रित करने के लिए...

हम दोनों, ख़ासकर मेरे लिए यह अल्हादकारी से ज़्यादा रोमांचक था। डॉ. भारती और पुष्पी भारती हमें आमन्त्रित कर रहे हैं अपने घर भोजन पर...

विस्मयादिबोधक सारे चिन्ह एक क़तार में लगे खड़े थे...। ग्लैक्सों कम्पनी के डिनर, पार्टियाँ चाहे कितनी ही अटेंड की हों...पर...भारती जी के घर एक नितान्त नयी-सी लेखिका!...पता चला, शिवानी जी बम्बई आयी हैं। उनके सम्मान में भारती-दम्पति बम्बई के अपने कुछ मित्र साहित्यकारों को आमन्त्रित कर रहे हैं।

हम दोनों पहुँचे तो चकित चमत्कृत...एक तरफ़ से पदमा सचदेव, केशवदेव, गुलज़ार, दीप्ति नवल, जावेद अख़्तर, नन्द किशोर मित्तल, मनमोहन सरल, सेलिब्रिटीज़ का एक पूरा सौर-मण्डल वहाँ उपस्थित था। हम दोनों पति-पत्नी अन्दर-अन्दर भौचक्के थे। लगातार बड़ी पत्रिकाओं में छपने के बावजूद 'साहि त्यिक-समारोहों' के महौल से हम पूरी तरह अपरिचित थे और यह तो एकदम ही अलग, एक सेलिब्रिटी के यहाँ आमन्त्रित, दूसरे सेलिब्रिटी वाला मामला था...अस्तु।

इतने में शिवानी जी भी आ गयीं। भारती जी ने सबका परिचय कराया और देखते-देखते आत्मीयता से भरपूर संवादों का सिलसिला चल निकला जिसके बीच-बीच में पद्मा सचदेव और जावेद अख़्तर की कविताएँ थीं, केशवदेव की मन को छू जाने वाली, कृष्ण के पिता नन्द की मनोवेदना से जुड़ी लम्बी मार्मिक कविता थी...तो शिवानी जी के स्वयं अपने जीवन, साहित्यकारों तथा सत्यजित राय जैसे फ़िल्मकारों से जुड़े संस्मरण थे जब वे 'शतरंज के खिलाड़ी' फ़िल्म की शूटिंग के सिलसिले में लखनऊ आये थे और मुर्ग़ों की लड़ाई शूट करना चाहते थे लेकिन मुर्ग़े के मालिक ने यह कहते हुए साफ़ मना कर दिया कि 'हमारे मुर्ग़े फ़िल्मों में काम नहीं करेंगे...'

इसी तरह अपनी नन्ही बिटिया की जिदियायी ठुनकों से लगातार उलझी पदमा

(सचदेव)जी से जब मैंने कहा, कि 'छोड़ती नहीं है ये आपको न।'...तो तत्क्षण पदमा जी का जवाब था, "छूटना चाहता भी कौन है..." एक सामान्य-सा वाक्य लेकिन जाने क्यों आज तक मुझे भूला नहीं। इसी बीच जब जावेद अख़्तर पर कुछ सुनाने की बहुत फ़रमाइशें हो रही थीं तो बीच में पदमा जी ने भी बड़े लाड़ से कहा था—"आप अपनी वो वाली कविता सुनाइए जो मुझे बहुत अच्छी लगती है।"

छतफोड़ ठहाका तब लगा जब जावेद अख़्तर ने उनकी सिफ़ारिश उन्हीं के अन्दाज़ में दुहराने से पहले जोड़ा था..."ग़ौर फ़रमाइए, इनकी फ़रमाइश है कि 'मैं इन्हें वो वाली कविता सुनाऊँ जो इन्हें, बहुत प्रिय है..."

शब्द शिल्पियों और कलाकर्मियों के उस भरे-पूरे सौर-मण्डल में शिवानी जी का व्यक्तित्व मुझे बहुत प्रभावित कर गया था। उनके अनुशासित गाम्भीर्य, विट, विनोद और चुटकी भर ही चपलता के साथ घुली-मिली शालीनता जितनी भव्य थी, उतनी ही सहज भी। एक सम्पूर्ण गरिमायुक्त व्यक्तित्व।

तब तक सिर्फ़ भारती जी के मुँह से ही सुनी हुई पुष्पा भारती को भी पहली बार देखा था हमने। अपने साफ़ शफ़्फ़ाफ़ अति अनौपचारिक लहजे के साथ पुष्पा जी हर मेहमान के साथ बराबर से मुख़ातिब थीं। सहज ही आत्मीय और अनौपचारिक हो जाने का गुण पुष्पा जी को बहुत अलग और विशिष्ट बना देता है। पहली बार के उन कुल एक-दो घण्टों की मुलाक़ात में ही उनका हर किसी से सहज ही नहीं बल्कि आत्मीय हो लेना..., आतिथ्य की पूरी ज़िम्मेदारी भरपूर अपनेपन से निबाहना और भारती जी के प्रति समर्पणभाव शब्द-शब्द से झलका था। स्वयं पति जनित चुटकी लेते हुए भारती जी के मुँह से 'पुष्पा जी' सुनना भी एक अलग अनुभव था मेरे लिए।

हमेशा की तरह हमें जल्दी निकल लेना था क्योंकि तीन छोटे बच्चों को घर छोड़कर गये थे। बाहर निकले हुए हम जैसे किसी सम्मोहन से बाहर थे—फिर भी शिवानी जी के सुनाये दिलचस्प संस्मरण और भारती जी के मुक्त ठहाकों की गिरफ़्त से हम तब भी नहीं छूटे थे। मेरे लिए अब तक देखे भारती जी की यह सर्वथा अलग तस्वीर थी।

एक प्रसंग याद आता है। वाराणसी से श्रद्धेय गुरुवर डॉ. बच्चन सिंह आये थे। भारती जी से मिलने का समय तय हुआ। पहुँचे तो बड़ी आत्मीयता से और गर्मजोशी से मिले। दुनिया जहान की बातें। इस बीच ही जाने कैसे उनके इलाहाबाद छोड़ने का प्रसंग आ गया और इलाहाबाद, बनारस के ही किन्हीं रचनाकारों के कुछ संकुचित क़िस्त के वक्तव्यों की बात निकल गयी, डॉ. बच्चन सिंह के मुँह से।

वाक्य का समाप्त होना था कि जैसे दुलकी चाल चलते घोड़े को ज़बरदस्त ऐंड़

लगी हो–बातों का रुख़ ही पलट गया। मुद्रा रौद्र। चेहरा तमतमाया। सरोष, सटीक और बेबाक शब्दों की अनवरत बाण-वर्षा-सी होती रही, दो-ढाई मिनटों तक। एक-एक शब्द खुलेआम, चुनौतियों को स्वीकार कर, जीने का नया ज़रिया तलाश लेने के सन्तोष और आत्मविश्वास से लबरेज़। बैठे हुए हम सब, सन्न, अवसन्न और निस्पन्द थे। तभी अचानक जैसे नाटक के किसी ओजपूर्ण अंक की यवनिका गिरी हो, पर्दा पुनः उठा हो इस तरह 'सूत्रधार' अपने पूर्व परिचित, स्निग्ध, सौम्य स्वर में पूछ रहा था–"और सुनाइए–सबसे पहले, हमारी भौजाई कैसी हैं? लाये क्यों नहीं उन्हें?"

सारा माहौल आत्मीयता से पुनः तर-ब-तर–जैसे मीठे पानी का कोई सोता फूट पड़ा हो। एक रस से सर्वथा विपरित रस में प्रवेश कर जाने की यह कला, यह वैशिष्ट्य केवल उनके कृतित्व में ही नहीं, व्यक्तित्व में भी था। कहाँ डूबकर थाहना है कहाँ सिर्फ़ पानी उलीचकर आगे बढ़ जाना है, यह वे तत्क्षण निर्णय कर लेते थे।

बम्बई में रहते हुए भी, बहुत कम ही जा पाती थी, उनके पास। इसका बहुत मीठा लेकिन संयत उलाहना भी सुनने को मिलता, जब कभी महीने-डेढ़ महीने पर कुशल-क्षेम जानने के लिए फ़ोन करती।

एक बार उनको अस्वस्थता के बाद, दशहरे की सुबह पहुँच गयी थी। भारती-परिवार की अभिन्न, कलकत्ता दूरदर्शन की सुशील गुप्ता भी आयी हुई थीं। माहौल अपनेपन की ख़ुशबू से भरा-पूरा, भारती जी उल्लसित। पुष्पा जी दशहरे की सुबह होने वाली पूजा की तैयारियों में मुदित। कमरे में ही पूजा का सादा, शालीन-सा आयोजन। पीढ़े पर भारती जी, आज्ञाकारी, आस्थावान गृहस्थ-पति की तरह, हाथों में हर दशहरे पर लिखी जाने वाली पारम्परिक रजिस्टरनुमा बही। सामने उकेरी गयी चौकी-रंगोली और प्रसाद के लिए इमरतियों से भरा थाल। अपने शब्द, हस्ताक्षर दर्ज करने के बाद भारती जी ने 'बही' मेरे और सुशील की तरफ़ बढ़ा दी। नाती अंशुमान को भी गोद में बिठाकर पुष्पा जी के निर्देशानुसार लिखवाया। और सबसे आख़िर में रस-भरी केसरिया इमरतियों का प्रसाद।

अपनी परम्परा और संस्कृति से जुड़ी चीज़ें उन्हें आनन्दित करती थीं। और अतीत, हमेशा ही चिर-काम्य शरणस्थली थी उनके लिए, यह मैंने बराबर महसूस किया था।

उस दशहरे की उन्हें याद थी। कई महीने बाद, एक बार फ़ोन पर महीन, विनोदी चुटकी भी लेने से नहीं चूके—"आओ भई, बहुत दिन हो गये...कि दशहरे के दशहरे ही बही खाता खोलना है।"

वह अपनी गली चउर छँटवा की...

मुझे मानस की वह चौपायी बहुत प्रिय है जहाँ बनवास पर गये राम, भारद्वाज मुनि से पूछते हैं कि मैं कहाँ कुटी बनाकर वास करूँ...और उत्तर में घट-घट वासी अवतारी पुरुष राम के लिए ऋषि जो कहते हैं, उसका ध्वन्यार्थ यही है कि आख़िर वह कौन सा स्थान तुम्हें बताऊँ, राम का जहाँ तुम्हारा वास नहीं है।

शायद मेरे अन्दर बसने वाले 'बनारस' की यही सीरत है। अक्सर सोचती हूँ, अतीत की यादों के बीच वह कौन सा क्षण है जहाँ बनारस नहीं है। 'काशी' पवित्रता और महानता का सूचक है, 'वाराणसी' औपचारिक संवादों, पत्रों, पतों, संस्थानों और प्लेटफ़ार्म का...लेकिन मन के आँगन की क्यारी-क्यारी, अपने इस नगर बनारस की स्मृतियों से सुवासित है।

सी.7/218...यही नम्बर था अपने मकान का और पूरा पता होता था, चऊर छँटवा की गली, चेतगंज, बनारस। इस पते पर आयी मेरी पहली रचना के परिश्रमिक की स्मृति कभी धुँधली नहीं हो पायेगी। किस तरह 'पोस्टमैन' नहीं, डाकिये ने दरवाज़े से आँगन तक आकर मेरे नाम की आवाज़ लगायी थी–"सूर्यबाला! आपके नाम का मनीऑर्डर..." कैसा तो रोमांच, उत्तेजना से पगलायी ख़ुशी...। फुटकर नोटों में मिले 10 रुपये के मनीऑर्डर का एक रुपया तत्क्षण डाकिये को और बाक़ी नौ रुपये अम्मा की पूजा की चौकी पर।

यह पूजा की चौकी जन्माष्टमी पर, क़दम्ब और करौंदे की डालियों से सजी नवजात कृष्ण का सिंहासन हो जाया करती थी जिस पर फूलों से लदे पालने में भाद्र पद, कृष्णपक्ष की आधी रात को 'कृष्णस्तु भगवान् स्वयं' के श्लोक और घण्टे घड़ियाल के बीच कृष्णजन्म की आरती का समवेत स्वर गूँजता होता। पूर्णमासी की सुबह यह चौकी केले के पत्तों से सजी सत्यनारायण व्रत की कथा का आधार बनती और बाद में क्रमशः 'आज' से आते मेरी कहानियों, कविताओं के मनीऑर्डर की रसीदों की साक्षी भी।

एक तरफ़ कबीर मठ और दूसरी तरफ़ चेतगंज की चौड़ी सड़क को मिलाने वाली चउर छँटवा की यह गली सम्पूर्ण काशी दर्शन का अद्‌भुत नज़ारा पेश करती थी। सभी वर्ण, जाति, धर्म और सम्प्रदायों की दूध में शक्कर-सी घुली उस समरस संस्कृति की स्मृति, आज आधी सदी बाद भी दिये के लौ की तरह मुझे उजास देती रहती है और रोशनी का वह वलय मेरे अन्दर के मनुष्य को सतत सहेजने सँवारने का दायित्व निभाता रहता है।

तीस-पैंतीस घरों की उस सड़कनुमा गली की दोनों क़तारों में मालदार महाजन, कपड़ों, गहनों के व्यापारी और प्राध्यापक, इंजीनियर से लेकर ग्वाले, पनवाड़ी, ठठेरे, चूड़िहार और आम के पन्ने से लेकर नानख़टाई बेचेने वाले तक साथ-साथ रहते थे। मैं जब भी अपने बाहरी बरामदे के बारजे से झाँकती, सामने जयराम लुहार की धौंकनी, आग की लपटों में लोहा गलाती होती, महादेव चच्चा अपनी बछिया को सहलाते होते और मेरी सहेली लालमनी के बाउजी, सफ़ेद क़मीज़-पैजामे में, बालिश्त भर लम्बी लोहे की चाभी लिये अपनी बजाजी की दुकान खोलने जाते या आते होते। गली से गुज़रते हर किसी के यहाँ-वहाँ खड़े हर किसी से चच्चा, भइया काकी, मौसी और चाची से पैलगी होती चलती। मेरी 'लाल प्लाश के फूल...', 'न किन्नी न', 'गोबर चच्चा का क़िस्सा', 'आदमक़द' तथा 'सुम्मी की बात' आदि कहानियों के नेपथ्य इसी गली से उपजे हैं।

अलस्सुबह ख़ाकी वर्दी में सजे स्काउट मास्टर राधेश्याम 'उठ जाग मुसाफ़िर भोर भई' गाते होते और महादेव साव जी, उनके हड़कम्प मचाने पर बनावटी रोष से उन्हें फटकारते होते। पीले मकानवाली बैनर्जी बाबू की बेटी प्रणति दी, सितार पर राग यमन या भैरवी का अभ्यास कर रही होंती और नुक्कड़ वाले शिवनाथ (हलवाई) चच्चा हनुमान मन्दिर में पहली खेप की जलेबी चढ़ा रहे होते। इन्हीं शिवनाथ चाचा की दुकान की बग़ल में घनश्याम भैया की काग़ज़, क़लम, रबर और पेंसिल की दुकान थी जिनसे ख़रीदी क़लम और काग़ज़ों पर मेरी किशोरवय की कहानियाँ, कविताएँ फ़ेयर होकर साप्ताहिक आज के रविवारीय परिशिष्ट में छपा करती। छपने के लिए पोस्ट न कर मैं स्वयं, चेतगंज की अगली गली में रहने वाले 'दादा' के घर जाकर दे आती। दादा 'आज' के साहित्य सम्पादक तो थे ही, उस ज़माने के बनारस के जाने-माने व्यंग्यकार और 'आज' के साप्ताहिक कॉलम 'अरबी न फ़ारसी' के बेहद लोकप्रिय हास्य कवि भी थे और मेरे जैसे ढेरम ढेर बच्चों के लोकप्रिय कॉलम, बाल-संसद के चहेते दादा।

बचपन में, शायद ही मैंने कभी इस गली को सूना-सनाका पाया हो। शादी के लग्न मुहूर्तों के दिनों में तो बैंड बाजों और शहनाइयों से जुड़ी बारातें, पूरी शाम से आधी रात तक गुज़रती ही होतीं, उनके अलावा भी छहों ऋतुओं, बारहों मास, किसी न किसी पर्व-त्यौहार और उत्सव की रज्ज-गज्ज से गुलज़ार रहती यह गली। जब देखो आगे-आगे शहनाई (माँ उसे 'रोशनचौकी' कहती थीं) और पीछे-पीछे इतर-फूलेल से गमकते बनारसी कामदानी अचकनों वाले पुरुष तथा सुनहरे बेल-बूटेदार सुर्ख़ लाल सिल्क की चादरों से सजी महिलाएँ...कलाइयों में भरी चूड़ियाँ, सोने के कड़े और कोहनी में सोने के ही मोटे बाज़ूबन्द...पीछे-पीछे दर्जनों सेविकाएँ माथे पर मेवे-मिठाई, रेशम-जरी के वस्त्रों और आभूषणों से भरे, रेशमी थाल पोशों से ढके चमचमाते थाल लिये, कभी बेटी की ससुराल तो कभी बहू के मायके जा रही होतीं। प्रयोजनों में नवजात शिशु के जन्म, मुण्डन छेदन से लेकर छेकइय्या (वाग्दान, गोद भराई) या सगाई तक कुछ भी हो सकता था। शहनाई की आवाज़ सुनते ही हम बहनें, भाई पढ़ाई-लिखाई छोड़, बाहरी बारजे पर पहुँच जाते और मगन मन एक, दो, चार, छः, ग्यारह, पन्द्रह थालों की गिनती शुरू कर देते। सबसे ज़्यादा मज़ा सुबह-सुबह विवाह के बाद गंगा पुजइया के लिए जाते नवविवाहित जोड़ों को देखकर आता जिनके कन्धावर और आँचल की गाँठें आपस में जुड़ी होतीं। वही सुनहले बूटोंवाली बनारसी चादरें, वही शहनाई और हँसी-ठिठोली वाले गीत लेकिन देखते-सुनते हुए कभी मन न भरता।

आषाढ़स्य प्रथम दिवसे के साथ तो बाक़ायदे वर्षा ऋतु के साथ त्योहारों की अगवानी शुरू हो जाती। कभी कजली तो कभी घर-घर में मिट्टी के छोटे कोसों में गमलों की तरह उगाई हरी लहलहाती गेहूँ की बालियाँ जिन्हें जरई कहते। ख़ुशी से हुलसती लड़कियाँ इन बालियों को बड़े-छोटे भाइयों तथा बुज़ुर्गों के कानों में खोसकर मनमानी त्योहारी पातीं। हर त्योहार का प्रारम्भ गंगास्नान से होता, तन-मन की पवित्रता का आह्वान।

नाग पंचमी पर तो अलस्सुबह छोटे-छोटे बच्चे घर के धुले, निचुड़े क़मीज़-पैजामें या निक्कर पहने हाथों में नागों की लाल-पीली तस्वीरों वाले काग़ज़ लिये दो-दो, चार-चार की जोड़ी में बड़े राग से, 'छोटे गुरु का, बड़े गुरु का, नाग लो भई, नाग लो' गाते हुए जा रहे होते। हम मुँडेरों से देखते, खिलखिलाते और बेबात भी उन्हें बुला-बुलाकर दो-चार आने की तस्वीरें ज़रूर ख़रीद लेते। मज़ा तब आता जब

किसी एक बच्चे को बुलाओ तो चार-छह दौड़े चले आते, अपनी-अपनी नागवाली तस्वीरों के साथ।

दशहरे से पहले रामलीला की शुरुआत के साथ पहले दिन से ही 'मुकुट पूजा' यानी राम सहित चारों भाइयों की मुकुटों की शोभा-यात्रा तो गुज़रती ही, हमारी गली से लेकिन बाद की भी प्राय: अधिकांश रामलीलाओं की झाँकी के रथ भी इसी गली से गुज़रते। दशहरे के दिन शाम होते न होते एक तरफ़ सड़कों पर घने लम्बे बालों और बड़ेरी आँखों वाली दुर्गा के विसर्जन के जुलूस-गाजे बाजे के साथ निकलते होते तो दूसरी तरफ़ बेनियाबाग़ और चौका घाट जैसे अनेक मैदानों में दशानन रावण, बीसों भुजाओं के साथ धनुष बाण साध रहा होता...हम बच्चे उत्तेजना से पागल।

दशहरे से पहले और बाद भी, जगह-जगह होती रामलीलाओं में प्राय: कोई बड़ा तामझाम नहीं होता। कभी-कभी तो मद्धम बल्ब या लालटेन भर की रोशनी... लेकिन हम बच्चों से लेकर बड़े भी उन स्वरूपों के लावण्य और झाँझ-मृदंग पर गायी जाती चौपाइयों पर भाव विभोर हो उठते। बाक़ी की ख़ुशी मिट्टी के तेलवाली कुप्पी की रोशनी में बिकते रेवड़ी चूड़ा, चनाजोरवाली ख़रीदारी से पूरी हो जाती।

लेकिन हमारा असली और सबसे मनचाहा त्योहार होता, चेतगंज की 'नक्कटइया' यानी लक्ष्मण द्वारा नाक काट लिये जाने के बाद रोती कलपती, भाई रावण के पास जाती शूर्पणखा की फ़ौज। कहने को इसी टक्कर का ज़्यादा सम्भ्रान्त, संजीदा और भव्य, 'नाटी इमली का भरत-मिलाप' माना जाता जो हमारा पड़ोसी मुहल्ला भी था। लेकिन चेतगंज की नक्कटइया की अपनी पॉपुलरिटी और शान थी। क्योंकि शूर्पणखा की फौज के साथ जाने वाले पचासों जगमगाते रथ हमारी गली से होकर ही गुज़रते। इन रथों में कई-कई तो जादूगरी के बड़े कारनामे जैसे लगते। कभी हनुमान जी की दोनों फैली भुजाओं पर, क्रम से राम-लक्ष्मण और भरत-शत्रुघ्न तथा पूँछ पर सीता जी बैठी होतीं तो कभी दो सफ़ेद ज़िन्दा कबूतरों पर एक बच्चा खड़ा होता...और कभी किसी राजकुमारी के कन्धे पर फरसा धसाये एक क्रूर राजकुमार उसे घुमा रहा होता...हम बच्चे, हाथों में रेवड़ी, नानख़टाई का दोना लिये विस्मय, विमुग्ध देखते रह जाते। पता नहीं यह कौतुकी परम्परा कैसे जुड़ गयी इस नक्कटइया के साथ लेकिन शहर के अन्दर ही नहीं, शहर के बाहर भी यह नक्कटइया चेतगंजियों की धाक हुआ करती थी।

गली से गुज़रती यह पूरी नक्कटइया मेरे घर से देखी जा सकती थी और चूँकि मेरे घर की तीनों मंज़िलों में काफ़ी लम्बी मुँडेरें थीं, इसलिए हर मंज़िल से लगभग 25-

30 लोग आराम से गुज़रते रथों का नज़ारा ले सकते थे। शायद इसीलिए सरेशाम उस दिन हमारे घर लोगों की आवाज़ाही शुरू हो जाया करती। कभी के न मिलने-जुलने वाले भी उस दिन घर-परिवार और इष्ट-मित्रों सहित अति आत्मीयों की तरह पधारने लगते। कुछ तो हफ़्तों पहले से कहलाना शुरू कर देते। ज़ाहिर है, उस दिन घर के दरवाज़े बन्द रखने का कोई सवाल ही नहीं होता। इसलिए हमारे बड़े कमरों में कालीनें, दरियाँ बिछी रहतीं, कुण्डों में पानी भरकर रखे रहते, पास में कुल्हड़...कि मेले तमाशे से थके लोग आख़िर पूरी रात तो तमाशा देख नहीं पायेंगे। तब बीच-बीच में उनके सुस्ताने और 'ढरकने' की व्यवस्था ज़रूरी होती।

हम ख़ुशी, गर्व और उमंग से भरे मिट्टी के रंग-बिरंगे खिलौनों, चर्ख़ियों, फिरकनी, डमरू, डफली, बन्दर, मोर और पनिहारिन कुछ भी नहीं छोड़ते। हमारी ख़रीदारी के लिए सिर पर टोकरी लिये घर का सेवक पतिराम हमारे पीछे-पीछे चलता होता, हम मनचाही चीज़ें ख़रीदकर उस टोकरे में डालते चलते। मुझे याद है, नक्कटइया की अगली सुबह से ही हम बच्चे यह सोचकर उदास हो जाते कि अब नक्कटइया फिर पूरे एक साल बाद आयेगी...लेकिन तत्क्षण एक-दूसरे को दिलासा देने लगते कि एक वर्ष में एक दिन तो कम हो ही गया न!...

एक लुका-छिपी अपने नगर बनारस से

शायद 'दीवार' फ़िल्म के क्लाइमेक्स में अपराधी बना बड़ा भाई, अमिताभ बच्चन, ईमानदार पुलिस अफ़सर बने छोटे भाई (शशि कपूर) से पूछता है...(कुछ इस आशय का संवाद) "मेरे पास बँगला, कार, हेलीकॉप्टर से लेकर ऐशोआराम की सारी चीज़ें मौजूद हैं...तुम्हें क्या दिया है इस फटेहाल नौकरी ने...? तुम्हारे पास क्या है?..."

बड़े भाई की आँखों में पूरे आत्मविश्वास और दृढ़ता के साथ देखते हुए छोटा भाई कहता है..."मेरे पास 'माँ' है।"

कुछ-कुछ ऐसा ही मेरे साथ 'वाराणसी' और 'बनारस' को लेकर है। 'वाराणसी' मुझे वर्तमान के सारे सन्दर्भों, परिदृश्य और परिवेश के साथ जोड़ती है, 'बनारस' मेरे बचपन से...यह सच है कि चार दशक से ऊपर हो गये 'वाराणसी' द्वारा 'बनारस' पर आधिपत्य किये हुए। सारी लिखत-पढ़त और 'कोरे कागदों' पर अब वाराणसी का अस्तित्व क़ाबिज़ है, लेकिन यह भी सच है कि वह शहर बनारस, हर दिन, घड़ी, लम्हे मेरे अन्दर बसा रहता है। किसी भी क्षण याद आता, छुटपनी गलियों में घुमाता और रुलाता भी है। कुल मिलाकर, यह शहर मेरी जिजीविषा का पाथेय है। तभी तो मोहाविष्ट, पुरानी यादों की गुत्थमगुत्थ के बीच, एक धचका-सा लगता है, जब बड़े आदर से ही सही, पर जैसे मुझे मेरे शहर से अलग कर कोई पूछता है।'

"कैसा लगता है आपको अब यहाँ आकर? हम 'मेहमान' की नज़र में 'बनारस' को देखना, जानना चाहते हैं।"...फिर मुझे 'आहत' महसूस कर—

"अब इतने सालों से बाहर रह रही हैं आप, तो मेहमान ही हुईं ना।"

'हाँ, इससे किसे इनकार हो सकता है, लेकिन संवेदना की अन्तर्यात्रा किस मोड़ पर भावुक हो उठे, कहा नहीं जा सकता। इसी तरह कुछ वर्षों पहले गुरुवर डॉक्टर बच्चन सिंह के पुत्र सुरेन्द्र जी ने किसी कथा-संकलन के लिए मुझसे अपनी

वह कहानी भेजने का अनुरोध किया था, जिसमें बनारस हो...आशय यहाँ भी पूरी तरह स्पष्ट था किन्तु अचानक मन पूछ बैठा–"मेरी कोई कहानी ऐसी भी है जिसमें बनारस न हो...?"

लेकिन कैसा छल है कि 'बनारस' के नाम पर इतनी भावुक हो उठने वाली, पैंतीस साल पहले की काशी हिन्दू विश्वविद्यालय की वह शोध छात्रा, इतने लम्बे अन्तराल के बाद जब वाराणसी जंक्शन पर उतरती है तो प्लेटफ़ॉर्म पर पैर रखने के साथ ही रोमांचित और असहज, एक साथ हो उठी है। स्टेशन पर चारो तरफ़, ठेलों में तली जाती पूरियों, पकौड़ों से धुँआये तेल की गन्ध के साथ धूल, पसीने और कचरे की समवेत बदबू वाला भभका उसे बैचेन करता है। अनायास उसने साड़ी ऊपर खींचने के साथ हल्के से नाक पर रूमाल भी रख लिया है। कुली की झिकझिक के बाद, उमस और चिपचिपाहट से परेशान जब वह संग लगे रिक्शे, ऑटो, टैक्सीवालों की इसरार, आग्रह अनसुनी करती, थोड़ी झुँझलाती-सी बाहर आती है तो मन किसी सड़कछाप छोकरे की तरह फ़ब्ती कसता है–'वाह रे नॉस्टेल्जियाऽऽ...'

लेकिन प्लेटफ़ॉर्म से बाहर आकर कड़ी धूप में भी, वह अचानक पलटती है और स्टेशन की इमारत के ऊपर बीचोबीच बने 'धर्मचक्र' की वास्तु को थोड़ी देर देखती रहती है और मन ही मन स्वर्गीय कमलापति त्रिपाठी के प्रति वाराणसी के इस प्रवेशद्वार के लिए आभारनत होती है, प्लेटफ़ॉर्म पर बदबू के भभके से पैदा हुई बेचैनी और उकताहट, वापस एक पहचाने आह्वान में बदल जाती है।

लेकिन बहुत जल्दी यह रोमांच भी एक छलावा साबित होता है। स्टेशन के बाद, एक-एक कर रास्तों से गुज़रते हुए ज्यों-ज्यों बेमरम्मत, ख़स्ताहाल सड़कों, खदराये फ़ुटपाथों और उन पर बेशऊरी-भरी बेतरतीबी से फैली दुकानों, होटलों, ढाबों और आड़े-तिरछे मकानों से साबक़ा पड़ता गया, त्यों-त्यों मन बुझता गया। कैसी अजीब बात है कि जहाँ एक तरफ़, ईश्वरगंगी, नाटी इमली, रथयात्रा, संकटमोचन आदि की तरफ़ बनी पुरानी इमारतों के भग्नावेष हमें इस नगर के गौरवशाली अतीत के प्रति रोमांचित करते हैं, वहीं दूसरी तरफ़ नयी-नकोर संस्कृति (?) और समृद्धि की प्रतीक मिसालें, चिन्तित और उदास, पत्थर की पाटियों वाले बारजों, स्तम्भों और झरोखों वाली एक भी ऐतिहासिक इमारत हम सुरक्षित नहीं रख पाये। जगह-जगह लखावरी ईंटों वाले कुएँ, बावड़ियाँ, अधफूटी, जर्जर, धसकी...हमारे जर्जर वर्तमान की तरह। किसी रखरखाव या व्यवस्था से कोसों दूर। सचमुच, हमें अपनी विरासतों को सहेजना सँभालना आया ही नहीं। कला, साहित्य, संगीत, सभी तो छप्पर फाड़कर मिला था हमें। अनमोल विरासतों के धनी थे/हैं हम। कलाकार, रचनाकार प्रबुद्ध,

बुद्धिजीवी–किसी ने शिद्दत से यह ज़रूरत क्यों नहीं महसूस की? प्रशासन पर क्या संगठित होकर दबाव डाला गया कभी?

मेरे प्रवास के दौरान हुई अक्तूबर की धाराधार बारिश ने नगर की सारी सड़कों, गलियों को पूरी तरह जलमार्ग में तब्दील कर दिया था। अगल-बग़ल के रास्तों से लेकर दूर-दराज़ के इलाक़ों तक, रास्ते चलते, हलकोरते पानी में उतराते कीचड़ के साथ गोबर, सड़े फल-सब्जियों के छिलके और कचरा संग-संग बहता रहा। रात-बिरात तो इन्हीं चहबच्चों के बीच से गुज़रते हुए कभी भी अचानक बत्ती तक गुल हो सकती है। बिजली का जाना, घण्टों-घण्टों तक गर्मी, उमस और चिपचिपाहट से आमजन का बेचैन रहना, तपते दिनों में लाचार छतों से लटके पंखे को देखते रहना...यह सब रोज़मर्रा की दिनचर्या में शामिल है। बिजली का आना ज़रूर चमत्कार-सा लगता है। जब कि वह जैसे मुँह का ज़ायक़ा बदलने घण्टे-दो घण्टे को आ जाती है। दफ़्तरों, दुकानों, कक्षाओं, हर जगह लोग पंखे झलते नज़र आते हैं। अख़बार, पत्रिकाएँ पढ़ने से ज़्यादा अब पंखे झलने के काम आती हैं।

गोदौलिया, दशाश्वमेध से ज्ञानवापी बाँस फ़ाटक तक दोनों तरफ़ की दुकानों के सामने जले तेल का धुआँ उगलते कानफोड़ती आवाज़ों के साथ लगातार एक के बाद एक जेनरेटर धड़धड़ाते रहते हैं। लाख चाहा, किसी दुकानदार से बात नहीं हो पायी। फिर ख़रीदारी कैसे होगी? जब बिजली आयेगी।...कोशिश करके यथाशक्ति ज़ोर से पूछती हूँ–"बिजली कब आयेगी?" उत्तर में दुकानदार आसमान की तरफ़ उँगली उठाकर कहता है–"पता नहीं...ऊपर वाला जाने..."

प्रशासनिक व्यवस्था की ऐसी दुर्दशा और छीछालेदर देखी तो प्रायः सभी उत्तर प्रदेश के शहरों में है, लेकिन बर्दाश्त की सीमा वाराणसी में ही टूटी। अपने समृद्ध गौरवशाली अतीत में, बनारस अंडर ग्राउंड ड्रेनेज सिस्टम के लिए जाना जाता था। उस समय भारत ही नहीं, विश्व के मात्र गिने-चुने शहरों में ऐसी व्यवस्था थी। कल्पना और तुलना करें उस प्राचीन और आज के विकसित वाराणसी की। और तमाम ऐसे शहरों की। इन घोर अनियमितताओं और अव्यवस्था के बीच भी कभी हम अपना सब्र और जिजीविषा नहीं खोते। यह आनन्दी जिजीविषा भी हमें मिली विरासतों में एक है। तभी तो सर्वेक्षणों के आधार पर 'भारतीय' विश्व के सबसे ज़्यादा सन्तुष्ट व्यक्तियों की श्रेणी में आते हैं। ट्रैफ़िक जाम का आलम यह है कि सड़क के किनारे के घरों, दुकानों तक साइकिलें और स्कूटर फँसे पड़े थे।

कमोबेश यही हाल, नयी सड़क विशेश्वर गंज...काशी नागरी प्रचारिणी सभा... जहाँ शोध के दौरान सन्दर्भ पुस्तकें तलाशते हुए उन पुस्तकों से ठुँसी अलमारियों के साथ-साथ डोलना गर्व मिश्रित अभिमान से भर देता था। संकट मोचन मन्दिर से निकलकर, नदी के पाट-सी चौड़ी होती सड़क। सामने काशी विश्वविद्यालय का भव्य द्वार और उसके पहले वृत्ताकार घेरे के बीच महामना मालवीय जी की सौम्य प्रतिमा, गुलमोहर की क़तारें, मुझ पर हावी होता एक विह्वल रोमांच। यहीं आर्ट्स कॉलेज में हिन्दी विभाग का स्टाफ़-रूम–डॉ. भोलाशंकर व्यास, शिवप्रसाद जी, डॉ. त्रिभुवन सिंह, डॉ. बच्चन सिंह आदि के बीच ससंकोच आवाजाही हुआ करती थी। बग़ल में विभागाध्यक्ष डॉक्टर शर्मा का कक्ष जिन्होंने एक शॉक की तरह मेरे लिए स्वीकृत हुई छात्रवृत्ति के आदेश-पत्र पर हस्ताक्षर करने से साफ़ मना कर दिया था। तब गुलमोहर की दहकती क़तारों के साये में तरतराते आँसुओं को छुपाती पैदल ही सेंट्रल ऑफ़िस गयी थी और रजिस्ट्रार के सामने वह आदेश रखकर कहा था –"सर! यह 'आदेश' आपको वापस करने आयी हूँ।" (यह कहानी विस्तार से...मेरे आत्म संस्मरण 'डिप सा'ब की तीसरी बेटी' में)

कबीर चौरा का 'आज' प्रेस! इसके बाल-पृष्ठों से शुरू होकर साहित्यिक परिशिष्टों में छपने वाली कविताएँ, (?) कहानियाँ (?) लिए सड़क पारवाली गली में 'दादा' (स्वर्गीय श्री मोहनलाल गुप्त) के घर जाती होती। मुझे देखते ही आँगन से उनके पिता आवाज़ दे देते–"मोहनलाल! बिटिया आयी है।"

इतने वर्षों बाद 'आज' अख़बार फिर था हाथों में। पतला, कामचलाऊ। पुरानी गरिमा और आत्मविश्वास तलाशता-सा। अस्तित्व के संकट से जूझते प्राय: समान नियतिवाले हिन्दी अख़बारों में एक।

रिक्शा आगे बढ़ता है, स्मृतियों ने फ़्लैशबैक के सारे खिड़की, दरवाज़े खोल दिये हैं...शहर मुझसे लुका-छिपी खेल रहा है। पचास के दशक वाला पिशाचमोचन के पोखरे की तरफ़ बड़े फाटकवाला मेरा पहला और अन्तिम विद्यालय आर्य महिला इंटर/डिग्री कॉलेज। गणित, हिन्दी और अंग्रेज़ीवाली विमला दी, सुशीला टण्डन दी और लीला दी। मंच पर खेले नाटक, नृत्य, डिबेट 'आज' के 'बाल-संसद' से क्रमश: वयस्क पृष्ठों के साहित्य-परिशिष्ठ तक छपने वाली शुरुआती कविताएँ, कहानियाँ...(छपे अक्षरों का वह रोमांच अब कहाँ...अब तो पुस्तकें भी छपकर आती हैं तो पार्सल खोलने की ज़रा भी जल्दबाज़ी नहीं)। पीएच.डी. के लिए 'दादा' (स्व.) श्री मोहनलाल गुप्त जी के साथ रिक्शे में काशी विश्वविद्यालय के विभागाध्यक्ष डॉ. शर्मा के घर काली महल जाना...विश्वविद्यालय की सड़कों

पर तपती-झुलसाती धूप के साथ गुलमोहर के साये भी निराला निवेश में (रथयात्रा) गुरुवर डॉ. बच्चन सिंह के निवास पर अपनी लिखी जाती 'थीसिस' से लेकर दुनिया जहान में हो रही लिखत-पढ़त की चर्चाएँ...

दोनों ओर बदले-बदले मकान, मुँडेर और खिड़िकियाँ...घरों के साथ बने चबूतरों पर भी उग आयी कोठरियाँ, दुकानें। अपनी गली ही नहीं, समूचा शहर मुझे निरुत्साही और निष्प्रभ क्यों लगा! कहीं अपनी रीतती उम्र का ही अक्स तो नहीं? लेकिन हर जगह तो ऐसा नहीं लगा? तब क्या अपनों की तरह, अपने शहर का दर्द ज़्यादा सालता है?

लगभग सभी सड़कों, मुहल्लों में, देवी जागरण, सिंगार, नवरात्रि पाठ से लेकर अखण्ड रामायण, प्रवचन तक–हर आयोजन की सार्थकता तब तक नहीं मानी जाती जब तक मीलों लम्बी सड़कों और गलियों तक में लाउडस्पीकरों और भोंपुओं की क़तार न बँधी हो, आप भागकर जहाँ भी जायेगे, ये बेसुरी महावीभत्स ध्वनि तरंगें आपको पछियाती रहेंगी। कोई समाजसेवी संगठन, पर्यावरण संरक्षण के हित में आवाज़ उठाने की शायद हिम्मत ही नहीं करता यहाँ।

लेकिन इसी सबके बीच मन को छू लेने वाले अनुभव भी। चन्द्रा टावर के नीचे, 'नाटी इमली' के (विश्व प्रसिद्ध) भरतमिलाप वाली जगह के सामने अचानक ख़बर मिलती है कि वहाँ रामलीला हो रही है। नॉस्टेल्जिक मन ने छान-पगहा तुड़ाया। जैसे भी हो, भागकर देखनी है। सड़क के जलते रॉडों पर खचियों औंधियाये फतिंगों को हटाती पहुँच गयी। देखा, नुक्कड़वाली इमारत के नीचे निकले पतले-से चबूतरे पर, एक तरफ़ अँधेरे में राम, जानकी और लखन लला आलथी-पालथी मार के बैठे हैं। बग़ल में खड़ा एक आदमी चँवर डुला रहा है। गैस का हण्डा शायद बरसाती फतिंगों की वजह से कुछ दूरी पर रखा हुआ है। बग़ल में दो क़तारों में झाँझ-मंजीरे और ढोलकी के साथ 'मानस' की प्रतियाँ लिये पारम्परिक धुन पर चौपायी गाने वाले श्रद्धालु–युवा, प्रौढ़, वयोवृद्ध, पोथी पढ़ पाने भर को ही थोड़ी-सी रोशनी, ये भाड़े के कीर्तनिये नहीं थे, काशी-चित्रकूट रामलीला समिति के श्रद्धालु भक्त गायक थे।

मैंने हमेशा महसूस किया है, पारम्परिक साज-सज्जा में सज़ा हर बालक राम का भव्य स्वरूप ही लगने लगता है। बौद्धिक तार्किकता पर मन का आस्थाभाव जीत गया। पास जाकर माथा नवाया। दस रुपये चढ़ाये तो प्रसाद स्वरूप ढेर सारा

तुलसीदल पाया। देखने वाले सिर्फ़ राह चलते आठ दस लोग। वह भी लीला कम, मुझे ज़्यादा देख रहे थे।

मैंने एक से पूछा–"संवाद नहीं बोलेंगे राम, लक्ष्मण? आज कौन सी लीला है?" जवाब के लिए कई लोग आगे बढ़ आये–"आज 'राम-गंडइल' की लीला है। संवाद बोल दिये गये न ईसरगंगी के पोखरे पर। वहीं से तो राम, सीता यहाँ आये हैं, विश्राम के लिए। थोड़ी देर बाद धूपचण्डी चले जायेगे। अब वहीं विश्राम करेंगे रामलला। कल से लीला भी वहीं होगी।"

"यहाँ क्यों आए?"

"यहाँ वाल्मीकि आश्रम में आये हैं।" (रामवन गमन की झाँकी) अचकचाकर चारों तरफ़ देखा–सामने हलवाई की दुकान, बग़ल में लॉण्ड्री, नाटी इमली चौराहे के एक नीम-अँधेरे कोने को यह व्यक्ति 'वाल्मीकि आश्रम' बता रहा है। तब तक तो ढोल-मंजीरे पर चौपाइयाँ गायी जाने लगीं। आशय था 'वाल्मीकि आश्रम' में पधारे राम, विनयपूर्वक मुनि से पूछ रहे हैं कि 'वन में आश्रम कहाँ बनाऊँ? कहाँ सीता और अनुज लक्ष्मण सहित वास करूँ?...' सुरताल की तन्मयता अपने चरम पर है। मैं अभिभूत हूँ...चौपायी रुकी। एक लड़का पास आकर बोला–"आपको उधर बुला रहे हैं..." पहुँची तो बुलवाने वाले सज्जन ने कहा–"आप संवाद सुनना चाहती थीं न। देखिए, अब वाल्मीकि मुनि बोल रहे हैं।"

मैं फिर अचकचाई–कहाँ, किधर हैं वाल्मीकि...कि तब तक देखा–उन्हीं लोगों में एक व्यक्ति, गेंदे की माला पहने, राम के आगे नतमस्तक खड़ा हो गया है। बग़ल में संवादों की पोथी लिये, दूसरा व्यक्ति पढ़-पढ़कर वाल्मीकि के संवाद बोलता जा रहा है–नतमस्तक, चन्दन लगाये, गेंदे के पीले फूलों की माला पहने, वह व्यक्ति अति सहज भाव से संवाद दुहराता जा रहा है...'हे सत-चित-आनन्द, घट-घट में वास करने वाले राम। आज आप मुझसे पूछ रहे हैं कि कहाँ वास करूँ? तो सुनिए नाथ।'

मन अगाध तृप्ति से भरपूर था। उदासी छँट चुकी थी। समाधान की एक बूँद... जैसे दूब, ओस को सहेजे रहती है। नगर के इस अँधेरे कोने में ये सहज विश्वासी, सादे-सूदे लोग अपनी परम्परा की निष्कम्प जोत जलाये हुए थे...जैसे लाउडस्पीकर और शोर-शराबों वालों से कह रहे हों–देखो, ऐसे सहेजी जाती है अपनी संस्कृति। पुलकित मन अगली सुबह ही सूर्योदय तक कुल दस मिनट की दूरी पर ईश्वर गंगी का वह पोखरा देखने पहुँच गयी थी जहाँ 'मानस' के इस अभिभूत कर देने वाले झुण्ड की लीला हुई थी...लेकिन वहाँ का दृश्य देखकर विस्मित, स्तब्ध रह गयी... चारों ओर पुआल, चारे के ढेर, गोबर, कीचड़ और ढेर सारे मवेशियों के बीच इतनी

गन्दगी कि पोखरे की सीढ़ियों तक पहुँचना मुश्किल...पता चला, सालों से जो लोग अपनी गाय-भैंसे यहाँ रखते-पालते आ रहे हैं, उन्हें हटाया नहीं जा सकता और संख्या मनुष्यों के साथ पशुओं की भी तो बढ़ी है। लौटते हुए कुछ लोगों से पूछताछ, बातचीत की। पता चला, हर थोड़ी-बहुत कोशिशों का नतीजा ढाक के तीन पात हो जाता है। मैं इस नतीजे से सन्तुष्ट नहीं। मुझे युवा-शक्ति के जग पड़ने का इन्तज़ार है। धन की कमी नहीं है। कमी है दृढ़ इच्छाशक्ति की। एक बार संकल्प हो जाने पर आर्थिक समस्या कभी आड़े नहीं आ सकती। औघड़-दानियों की नगरी है काशी लेकिन दूर दूर तक कोई चुनौती स्वीकारने वाला नहीं।

संगीत से लेकर कला और साहित्य तक, सभ्यता का अविच्छिन्न प्रवाह टूटा कहाँ आज तक इस नगरी में। जो लोग दिल्ली तथा अन्य महानगरों को साहित्य और कलाओं का केन्द्र मानते हैं, उन्हें पता नहीं कि वे साहित्य और कलाओं की साधना के नहीं, व्यवसाय के केन्द्र हैं। साहित्य के अलाव तो छोटे शहरों में जल रहे हैं। लोग जुड़-मिलकर पढ़-लिख, कह-सुन रहे हैं। प्रमाण के लिए क्या इतना काफ़ी नहीं कि एक-एक दिन में तीन-तीन कार्यक्रम, संगोष्ठियाँ हो जा रही हैं। इस बार के संक्षिप्त प्रवास के दौरान ही सुबह काशी विश्वविद्यालय के महिला महाविद्यालय में 'सज़ायाफ़्ता' (कहानी) पढ़ी...अपराह्न नीरजा (माधव) के साथ आधे घण्टे की रेडियोवार्ता और संध्या समय, डॉ. मुक्ता, नीरजा और वीरबाला वर्मा के साथ कहानी-पाठ। एक साथ चार कहानियाँ मनोयोग से सुनी गयीं। इसी तरह पिछली बार चन्द्रकला (वरिष्ठ समीक्षिका, कवयित्री, डॉ. चन्द्रकला त्रिपाठी) के घर एक अविस्मरणीय शाम बीती थी जब यूँ ही थोड़े-से लोगों की उपस्थिति में 'मौजीराम की झाड़ू' पढ़ दी। कहानी पर डॉ. त्रिपाठी और चन्द्रकला का वक्तव्य तो अभिभूत करने वाला था ही, अन्य मर्मज्ञों की प्रतिक्रियाओं की पकड़ और पैठ पर भी चमत्कृत थी मैं।

इतना ही स्मरणीय बल्कि अविस्मरणीय रहा 'साहित्यिक संघ', वाराणसी में नये-पुराने क़लमकारों के बीच गुज़रा समय। संघ के अध्यक्ष डॉ. जितेन्द्र मिश्र ने जिस तरह फ़ोन पर कहा था, "आपकी उपस्थिति में एक छोटी-सी अनौपचारिक गोष्ठी...यहीं आसपास के कुछ लोग रहेंगे बस..." उस तुलना में छोटी-बड़ी डायरियों, नोटबुकों, और कविता, कथा-संकलनों से लैस, ऊर्जस्वित, उत्कण्ठित युवा हस्ताक्षरों, का यह समागम मुझे चकित कर गया। तब तो और भी जब थोड़ी

ही देर में देखते-देखते, सस्वर गीतों, कवित्तों, कविताओं और ग़ज़लों ने अभिभूत कर देने वाला समा बाँध दिया।

"ये सारे लोग मात्र दो दिनों की पूर्व सूचना पर एकत्र हुए हैं जब कि आज ही शाम नगर के दूसरे छोटे पर एक और वृहत् साहित्यिक आयोजन है तथा कुछ डेढ़ सप्ताह बाद ही संस्था की वार्षिक संगोष्ठी भी है।"...जितेन्द्र जी प्रसन्नचित्त बता रहे हैं और कविता की निसर्ग धारा बह रही है, यह अपेक्षाकृत छोटे नगरों की आकाशगंगा है जिनके नक्षत्र मण्डलों की दीप्ति को प्रायः साहित्य की सत्ता और सत्ता के केन्द्रीकरण का ख़ामियाज़ा भुगतना पड़ता है लेकिन शायद इन्हें भी मालूम है कि सर्वोपरि सुख तो 'रचने' का होता है और वह कोई सत्ता, कोई राजनीति इनसे छीन नहीं सकती। ऊपर से बनारसी मस्ती और आनन्द का जीवन-दर्शन, इन्हें सतत ऊर्जावान बनाये रखता है। अलावा इसके ये छोटे नगर अभी तक साहित्य को बाज़ार और राजनीति के शिकंजे से यथासम्भव बचाये रखने में समर्थ रहे हैं।

कुछ ऐसा ही आचार्य रामचन्द्र शुक्ल संस्थान में डॉ. मुक्ता द्वारा आयोजित 'प्रेमचन्द की प्रासंगिकता' वाली गोष्ठी में भी महसूस किया था। देर-सबेर ही सही पर साइकिल, रिक्शा, स्कूटर खड़ी करते, पैदल और कारों से उतरते, लोग चले आ रहे हैं। (यह सुख महानगरीय रचनाकारों का स्वप्न है। साथ मिल-बैठकर लिखे, पढ़े की साझेदारी की तृप्ति, लाभ, चाहकर भी नहीं उठा पाते वे) इन सहर्ष और उत्साही चेहरों तथा नामों की समझ, ज्ञान तथा महता भी, कम चमत्कृत नहीं करती। प्रेमचन्द की प्रासंगिकता पर भी इन कम सुने, कम जाने गये नामों के सारगर्भित, सटीक और बेबाक वक्तव्य एक तृप्तिकर आह्लाद से भर गये। उत्तर-आधुनिकता के तामझामी आतंक से मुक्त, सहज निरभिमानी, लेकिन स्वाभिमानी चरित्र की अपनी नगरीय परम्परा के अनुरूप यह बात मैं विशेषकर इसलिए कह रही हूँ कि इन दिनों नगर बनाम महानगर की चर्चाएँ अक्सर चला करती हैं।

शायद यह संवदेना, ज्ञान और रचनात्मकता की गहरी समझ ही है जो सारी अव्यवस्थाओं, बदहालियों, अनियमितताओं, घण्टों-घण्टों और रात-रात भर ग़ायब रहने वाली बिजली के अँधेरे और तेज़ आवाज़ में तेल जला धुआँ फेंकते जेनरेटरों वाले शहरों में, रचनात्मक जिजीविषा की जोत जलाये हुए है।

(यह आलेख लगभग एक-डेढ़ दशक पहले का है जब कि पिछले कुछेक वर्षों में इस नगर में बहुतेरे बेहतर बदलाव हुए हैं...उनका लेखा-जोखा फिर कभी...)

जिजीविषा और ज़िन्दादिली की मशाल-सी...बड़ी अम्मा

बड़ी अम्मा को गुज़रे पूरे पैंतीस साल हो गये...गयीं भी पिचहत्तर-अस्सी की पकी उम्र में ही...लेकिन शायद ही कोई ऐसा दिन जाता हो जब उनका ख़याल न आता हो और शायद ही कोई हफ़्ता जब उनका सपना न देखा हो...उनका सपना देखते रहना बहुत ज़रूरी भी है क्योंकि स्त्री-विमर्श के इस घनघोर कन्फ़्यूज्ड माहौल में, यह सपना मेरे रास्तों पर मशाल-सा जलता चलता है, मुझे सूरज की तरह रोशनी, ऊर्जा और उत्फुल्लता से भरता है...पूरी जिन्दगी, पति की उपेक्षा, तिरस्कार और अवहेलना बर्दाश्त करने वाली बड़ी अम्मा का विट, ह्यूमर और परिहास मुझे चमत्कृत करते थे और पान रचे होंठों की मिठास-भरी हँसी, अभिभूत...

माँ से ग्यारह वर्ष बड़ी, इन मौसी को ही हम 'बड़ी अम्मा' कहते थे और मौसा जी को बड़े बाबू जी। बड़े बाबू जी आम पिताओं, पुरुषों की तरह 'घर' में नहीं रहते थे, घर के पिछवाड़े उनकी अलग रसोई, बैठक और चबूतरा यानी दरबारे-ख़ास था जहाँ वे नौकरों-चाकरों और यार-दोस्तों से घिरे, घर-गृहस्थी के सारे जंजालों से मुक्त, मौज-मस्ती की ज़िन्दगी बसर करते थे। कभी मुर्ग़ा कट रहा है, कभी मछली तली जा रही है तो कभी चौपड़, ताश की गड्डियों में हज़ारों के वारे-न्यारे हो रहे हैं।

हवेली के इस रईसी ठाठ-बाट से अलग, बड़ी अम्मा को हमने, ताउम्र अपने बच्चों के साथ, एक-दो कमरों में प्राइमरी स्कूल की टीचरी के सहारे गुज़र-बसर करते देखा। यहीं रहते, सारे रिश्ते-नाते निबाहतीं और आर्थिक संकटों की विषम घड़ियों से लेकर, कड़ी से कड़ी हारी-बीमारी तक में, न उफ़ करतीं, न बड़े बाबा जी के सामने हाथ पसारतीं। उसी मोहल्ले, उसी शहर में, भरपूर स्वाभिमान से सिर ऊँचा करके सम्मानपूर्वक रहतीं।

इस सम्मान और स्वाभिमानी जीवन की उन्होंने जो क़ीमत चुकायी थी, वह तीन चौथाई सदी पहले के समाज में, सात पर्दे के पीछे रहने वाली स्त्रियों के बूते की बात नहीं थी। उनके जीवन का पूर्वाद्ध भी किसी चालू मसाला फ़िल्म की मेलोड्रमैटिक सीमाओं का भी अतिक्रमण करने वाला था।

कुल ग्यारह की वय में, सामान्य मध्यवर्गीय परिवार की यह बेटी जब जौनपुर के नामी रईस के मुख़्तारी पास लड़के से ब्याही गयी तो ससुराल की हवेली खुल जा सिमसिम-सा ही रोमांच दे गयी थी उसे...लेकिन कुल चार, छह दिनों में ही उन्होंने जान लिया कि इस हवेली में गुदगुदे गलीचे, चाँदी की फ़र्शी, सुराहियाँ, रेशम, मख़मल, हीरे मोती जड़े झूमड़, सतलड़े, सब कुछ है सिर्फ़ सात भाँवरों की साख रखने वाला, भावनात्मक अवलम्ब और आर्थिक सुरक्षा का आधार, जीवन-साथी ही नकारा है। न रईसज़ादे की शान-शौकत और रंगीनियों में कोई 'पत्नी' कहीं फ़िट बैठती ही नहीं थी, अलबत्ता कभी आनन-फानन की ज़रूरत में उसके सतलड़े, बाज़ूबन्द ज़रूर काम आ जाते (मौज-मस्ती में कमी पड़ने पर, उसकी भरपायी करने), शीशमहलों में चलने वाली रंगीनियों से भी ऊब जाते तो कभी कोलकाता भागते, कभी रँगून।

माँ-बाप भी आख़िर कब तक बर्दाश्त करते! असमय ही दुनिया से कूच कर गये। इकलौते बेटे की बिगड़ैल आदतों का रंज उन्हें ले डूबा...लेकिन बेटा अब तक स्वच्छन्द से निरंकुश होता चला गया था। नौबत यहाँ तक आ पहुँची थी कि पुरखों की जोड़ी अकूत सम्पदा भस्मीभूत हो चुकी थी, तिजोरी लुटी-पिटी पड़ी थी और क़तार से खड़े मकान नीलामी के इन्तज़ार में थे।

लेकिन मौज-मस्ती का सिलसिला बदस्तूर चालू था और बड़ी अम्मा को वे अपनी मर्दानगी और पतित्व के प्रमाणस्वरूप एक बेटे और बेटी का तोहफ़ा भी दे चुके थे। और चूँकि पति, पिता से जुड़ी और किसी ज़िम्मेदारी से उनका कोई लेना-देना था ही नहीं, इसलिए दो बच्चों के साथ अकेली बड़ी अम्मा, बहुत जल्दी लगायी जाने वाली नीलामी की बोली का इन्तज़ार करती पुश्तैनी हवेली में दिन काटने को मजबूर थीं।

तबाही के सारे क़िस्से उनके माँ-बाप यानी मेरे नाना-नानी तक पहुँचते लेकिन वे इससे ज़्यादा और कुछ न कर पाते कि किसी आने जाने वाले के हाथ चोरी-छुपे कुछ रुपये भिजवा दें। बेटी के पास, मायके आकर रहने का आग्रह अनुनय-भरी चिट्ठियाँ भी भेजते लेकिन बड़ी अम्मा का स्वाभिमान इसे स्वीकार नहीं कर पाता।

यह भी सच था कि सिर्फ़ स्वाभिमान के बल पर बच्चों की भूख-प्यास और रोज़मर्रा की ज़रूरतें नहीं पूरी की जा सकती थीं...इसलिए एक दिन उनसे पाजेब उतरवाने की जल्दबाज़ी करते पति से हिम्मत बटोरकर उन्होंने कहा–"इन पैसों से बच्चों के दूध का इन्तज़ाम भी हो जाता"...तो तड़ाक से जवाब मिला था कि बच्चे दो दिन दूध नहीं पियेंगे तो कोई पहाड़ नहीं टूट पड़ेगा...शऊरदार होती तो मूँग की दाल का पानी पिला देती, इस तरह बेशर्मी से शौहर के सामने मुँह न खोलतीं...

यह सब्र की इन्तहा का निर्णायक क्षण था। आत्मसम्मान के चट्टानी अस्तित्व के बीच से चिनगारी छूटी थी। पति की पॉकेट में जाती हुई पॉजेब के घुँघरुओं की आवाज़ बार-बार प्रतिध्वनित हो रही थी...कि ये पैर (पॉजेब रहित) अब स्वतन्त्र हैं, अपना रास्ता तलाशने के लिए। कोई इन्हें रोक नहीं सकता। ये कंगन, बाज़ूबन्द और ब्रेसलेट से सूने हुए हाथ, किसी से रहमोकरम की भीख नहीं माँगेंगे। इस दुनिया से अधिकारपूर्वक अपने हिस्से की ज़मीन तलब करेंगे और अपनी शर्तों पर जियेंगे।

उन्हें सबसे ज़्यादा स्नेह और विश्वास, अपनी छोटी बहन के पति, मेरे उपशिक्षाधिकारी पिता पर था। उन्हीं की मदद से अपने लिए ट्यूटर रखवाया। प्राइमरी और मिडिल की किताबें मँगवायीं और नन्ही बच्ची के झुनझुनों, झबलों, पोतड़ों के बीच अपनी पाठशाला खोल ली। शाम को दो घण्टे ट्यूटर से पढ़तीं और अगले दिन सुबह से शाम तक बर्तन माँजते, कपड़े धोते, बच्चों को नहलाते, सुलाते, सबक़ याद करतीं। बार-बार दुहरातीं, बार-बार भूलतीं, फिर याद करने की कोशिश करतीं और रोतीं! मेरी माँ बतातीं कि बड़ी अम्मा के बार-बार रटने से, उनकी किताबों के सबक़ माँ तक को याद हो गये थे। प्राइमरी की परीक्षा के बाद जैसे-तैसे मिडिल/विद्या विनोदिनी की परीक्षाएँ उत्तीर्ण कीं तो पिता ने प्रयाग के नामी टीचर्स ट्रेनिंग स्कूल में दाख़िला दिला दिया। लेकिन समस्या बच्चों की थी। बड़ी अम्मा दोनों बच्चों को अपने साथ, छात्रावास में रखकर ट्रेनिंग करना चाहती थीं और वहाँ के सख़्त नियमों के तहत छोटे बच्चे माँ के साथ नहीं रह सकते थे।

बड़ी अम्मा ने तय किया, वे ख़ुद ट्रेनिंग स्कूल की उस अंग्रेज़ प्रिंसिपल से मिलेंगी जो अपनी सख़्त मिज़ाजी के लिए मशहूर है। समय माँगा। मिलीं और दोनों बच्चों को साथ रखने का परमिशन लेटर लेकर ही ऑफ़िस से बाहर आयीं। अगले सप्ताह से, हवेली के सात पर्दों में रहने वाली और टमटम में चादर ओढ़कर चलने वाली बड़ी अम्मा, पढ़ाई-लिखाई के साथ, प्लीटेड सफ़ेद स्कर्ट में मैदान में ड्रिल

कर रही होतीं और एक तरफ़ पेड़ की छाँव में बेटा, छोटी बहन को बहला-फुसला रहा होता।

ट्रेनिंग पूरी हुई तो उसी शहर में प्राइमरी स्कूल में नियुक्ति हो गयी और पुश्तैनी मकानों की ही किन्हीं दो कोठरियों में उन्होंने बच्चों के साथ अपनी दुनिया बसा ली। बड़े घरानों की स्त्रियों द्वारा साड़ी के ऊपर ओढ़ी जाने वाली कामदानी चादर फेंक, बड़ी अम्मा जब ढँके माथे, खुले मुँह पैदल चलतीं तो मोहल्ले की खिड़कियाँ खुलनी, बन्द होनी, शुरू हो जातीं।

यह बड़ी अम्मा की पूर्वार्द्ध-कथा थी, दूसरों द्वारा बयान की गयी। स्वयं बड़ी अम्मा को न मैंने कभी बड़े बाबू जी के कारनामों का कच्चा चिट्ठा खोलते सुना, न अपने अतीत संघर्ष की शौर्य-गाथाएँ गाते। सहानुभूति और प्रशस्तियाँ सुनने का न उन्हें शौक़ था, न उनकी शौकिया व्यस्तता के बीच गुंजाइश ही।

उनकी अपनी एक निराली दुनिया थी, उनके कर्मों द्वारा अर्जित...अपार जिजीविषा एवं ज़िन्दादिली से समृद्ध, भरपूर। यह दुनिया नियति द्वारा अपने लिए बिछायी राख की ढेरी के बीच से उठाकर लायी थीं वे, एक अग्निकण की तरह... जैसे यूनानी देवता प्रमथ्यु स्वर्ग से आग चुराकर लाया था।

छुट्टियों में जब कभी बड़ी अम्मा जौनपुर से बस द्वारा बनारस आतीं, दरवाज़े पर उनका रिक्शा रुकते ही हम बच्चे अगवानी के लिए दौड़ पड़ते। बड़ी-सी लाल बिन्दी से जगमगाता माथा और बुज़ुर्ग आँखों में आत्मविश्वास से छलकती हँसी! पैर छूने की होड़ लग जाती, सारे बच्चों में। कोई बैग उठाता, कोई कण्डिया। सारा घर ख़ुशी से लहलहा उठता। बड़े, छोटे हर किसी में उनके पास बैठने, बोलने-बतियाने और जानने-सुनने का उछाह। मैंने आज तक किसी अधबूढ़े व्यक्तित्व में न ऐसा सम्मोहन देखा, न ऐसी संघर्षों में तपकर लहकने वाली ज़िन्दादिली। नये से नये ताश के खेल, जादू, व्यंजन, क़िस्से-कहानियाँ, भजनों से लेकर स्काउट और फ़िल्मों तक के नये गाने, लेटेस्ट फ़ैशन की बातें और देश-विदेश से लेकर मंगल ग्रह और चाँद पर उतरने तक की ख़बरें...हर बार जौनपुर से बनारस आने पर एक न एक किसी से सीखे नये व्यंजनों की रेसिपी अवश्य साथ लातीं। हज़ार झंझटों में खीझती माँ चाहे कितने भी टालमटोल करें, बड़ी अम्मा का नया पकवान बनकर रहता। हम बच्चे उनके साथ पूरे उत्साह से जुटे रहते। एक बार तो बेकरी वाले से (उसकी लड़की बड़ी अम्मा के स्कूल में पढ़ती थी) बिस्कुटों की रेसिपी सीखकर आई थीं। देखते-देखते हमारी रसोई 'बेकरी' में तब्दील हो गयी। एक और चूल्हा। कड़ाही की

जगह पड़ोस से माँगा, मँगवाया बड़ा-सा कड़ाह, बालू तथा पीतल की थालियाँ... देखते-देखते, ऊपर नीचे, गर्म बालू-भरे बर्तनों से बने ओवन के बीच से ख़स्ता, कुरकुरे बिस्कुटों की गोल, चौकोर, आड़ी-तिरछी खेप निकलने लगी...हम बच्चे दौड़-दौड़कर उन्हें डिब्बों, कनस्तरों में भरने लगे। इतने सारे बिस्कुट उस बचपन में मैंने पहली बार देखे थे।

ज़िन्दगी के हर सम्भव स्रोत से संजीवनी शक्ति ग्रहण करने वाली बड़ी अम्मा, एक बार बालों के बीचोबीच, सिन्दूर की रेखा खींचती हुई, खिलखिलाकर माँ से कह रही थीं—"यह सौभाग्यवतियों वाला स्वाँग भी क्या ख़ूब फबता है न मुझ पर... ला, झूठ-सच मैं भी सिन्दूर-बिन्दी लगालूँ...

संघर्ष तो बहुत सारे लोग करते हैं, करना पड़ता है, पर बड़ी अम्मा की तरह जीवनपर्यन्त चलने वाले, लहूलुहान कर देने वाले घावों के ऊपर ज़िन्दादिली की ऐसी फुलकारी ओढ़े रखना बहुत बिरलों के वश की बात है।

जैसे इतना सब कम था, उतरती उम्र में बायें पैर में गैंग्रीन हो गया था। घुटने से पाँच इंच नीचे से पूरा पैर काट दिया गया। महीनों अस्पताल में रहीं। घाव भरा तो पैरों से चलने का अभ्यास, तर्सों, वार्ड ब्वॉयों की संगत में अपाहिज होने के अहसास और अकेलेपन की उदासी में भी हँसती, सदाबाहर बड़ी अम्मा काट ले गयी थीं, बग़ैर चेहरे पर शिकन लाये। बड़े भइया (उनके बेटे) पूना के मिलिट्री अस्पताल से नक़ली पैर लगवा लाये। दरवाज़े पर रिक्शा रुका तो किनारदार साड़ी के नीचे बिछुएवाली उँगलियों और चप्पलों की जगह असली पैर में भी नक़ली पैर जैसे जूते। पैर छूने के लिए दौड़े हम बच्चे चिहुँककर सनाका खा गये।

लेकिन सहारा लेकर रिक्शे से उतरने के बाद, गलियारे में थम-थमकर छड़ी के सहारे चलतीं बड़ी अम्मा हँसने का स्वाँग भरतीं, गा रही थीं–

"ठुमक चलत राम चन्द बाजत पैजनियाँ"।

और नक़ली पैर के चमड़े से बँधे बक्सुए घन-घन कर रहे थे...

सुना, सुहागन मरीं, बड़ी अम्मा की माँग में सिन्दूर डालते हुए बड़े बाबू जी फुक्का फाड़कर रोये थे। बड़ी अम्मा की आत्मा उस समय ज़रूर अपनी अन्तिम जीत के विजयदर्प से मुस्कुरायी होगी...

'क्या यहाँ से चला गया कोई'... यादों में भीष्म जी

शाम टी.वी. पर ख़बरें आ रही थीं। अचानक स्क्रीन पर नीचे एक पंक्ति सरकती चली जाती है–'वरिष्ठ साहित्यकार भीष्म साहनी नहीं रहे।'...स्तब्ध, अवाक्, आँखें बार-बार उन भागते शब्दों का बेचैनी से पीछा करती हैं। अंग्रेज़ी में भी उन्हीं शब्दों का अनुवाद। अगली सुबह तक सब कहीं एक ही समाचार और बीच-बीच में टीवी पर झलकता वही संजीदा, बेपनाह आत्मीयता से भरपूर चेहरा।

पूरे दिन जब भी किसी का फ़ोन आया, बातें हुईं, अनायास मुँह से निकला, आज मन बहुत उदास है। लेकिन आश्चर्य, मेरी उदासी का सबब पूछे बिना, सुनने वाला कह पड़ता है–"भीष्म जी के लिए न!...अभी-अभी फलाँ से यही बात हो रही थी।"

शायद इधर बहुत दिनों बाद किसी के लिए आँखें इस तरह पूरे दिन, जब-तब गीली हो आयीं। मन-मन में एक बहुत अबोली, बूँद-बूँद श्रद्धांजलि अर्पित होती रही...

चार-छह दिनों पहले कैसेट में बेगम अख़्तर की गायी ग़ज़ल बजी थी–'दिल की दुनिया उजाड़ सही क्यूँ है...क्या यहाँ से चला गया कोई'...इस वक़्त वह ग़ज़ल लगातार अपने चारों तरफ़ प्रतिध्वनित होती महसूस हो रही है।

बी.ए. में पढ़ती थी तो वृन्दावनलाल वर्मा की 'विराटा की पद्मिनी' की एक पंक्ति मुझे बड़ी अच्छी लगी थी, आज तक विस्मृत नहीं हो पायी–'उड़ि गये फुलवा, रह गयी बास'...वैसा ही सुवास का वलय, चलते-फिरते, उठते-बैठते अपने चारों ओर महसूस हो रहा है।

x x x

उस बार अचानक ही दिल्ली जाना हुआ था। कुल दो चार दिनों की मुहलत। घरबारी अस्त-व्यस्तताओं का घटाटोप...लेकिन मन 'तमस' और 'पाली' के लेखक

भीष्म साहनी के फ़ोन का नम्बर खटकाने को आतुर था। संकोच भी बहुत, न कभी की देखा-देखी, न प्रत्यक्ष परिचय या पहचान। तो क्या...घुमा देती हूँ फ़ोन। घुमाया। मिल गया नम्बर। मिल गये भीष्म जी। बताया कि मैं सूर्यबाला बोल रही हूँ। क्षमा भी माँगी कि बग़ैर किसी पूर्व सूचना या काम विशेष के, ऐसे ही आपसे मिलने, आना चाहती हूँ...

तत्क्षण भरपूर अपनेपन से बोले–"ज़रूर आइये, 'शीला' भी बहुत मिलना चाहती है आप से। बताइये, कब आ रही हैं?"

हर शब्द से मिली राहत के बावजूद मन में संकोच गहराया था–"मेरे पास तो आज का ही एक दिन है...आपको कोई और ज़रूरी काम हो तो"–स्नेहपूर्वक मुझे आश्वस्त करते हुए बोले थे–

"इस वक़्त सबसे ज़रूरी काम यही...आप बिल्कुल आइए।"

पहुँची तो, जैसे पहले से ही खोलकर रखा घर का दरवाजा...हुलसती शीला जी और पीछे खड़े संकोची भीष्म जी। सहज, आत्मीय मुस्कानें...अपरिचित? कहाँ? कितनी बार तो मिले हैं...सीधे आपसे न सही आपकी रचनाओं के माध्यम से...ऐसा ही मेरे लिए शीला जी ने कहा, ऐसा ही मैंने भीष्म जी के लिए सोचा। बरसों बरस की पहचान...बैठी तो बैठी ही रह गयी, ढाई-तीन घण्टे। कहीं कोई ऊहापोह नहीं, भरपूर इत्मीनान और हल्केपन का अहसास। अपने प्रकाशक, प्रभात प्रकाशन के श्यामसुन्दर जी को समय दिया था। काफ़ी देर से पहुँची तो बोले–"इतने पूरे समय भीष्म जी के ही पास रहीं?...जरूर कोई बड़ा काम रहा होगा..."

सचमुच उस दिन एक बड़ा काम हुआ था। एक लेखक को कैसे जीना और रहना चाहिए, कितने निस्पृह मामूलीपन से, यह जाना था। जैसे कुहासे छँटे हों और आकाश को एक निर्मल, स्वच्छ विस्तार मिला हो। वह सादगी, वह शालीन आत्मीयता मन में मेंहदी-सी रचती चली गयी थी। आत्मा धुली, पुँछी, सुथरी-सी महसूस हुई थी। बड़े लेखक तो मिल भी जाते हैं, नहीं मिलता तो बड़ा आदमी।

छद्म, बौद्धिक शिखरवार्ताओं और कुतर्कों से परहेज़ था उन्हें। अपने अनुभवों और लेखन से जुड़ी अत्यन्त महत्त्वपूर्ण बातें भी इतने संकोच से बताते कि सुनने वाले को भूले से भी उनके 'बड़ेपन' का आभास न हो पाये। पूरी कोशिश रहती कि सामने बैठे व्यक्ति को उसकी लघुता का अहसास न होने दिया जाये। बचपन दुहराते तो बच्चे हो जाते। माँ, बलराज जी, अनुशासनप्रिय पिता की सख़्ती, दीवारों पर टँगे, छपे-छपाये नैतिक नियम–'सत्यंवद, धर्मम् चर' 'सादापन जीवन, सजावट मृत्यु है', शर्मीली मुस्कुराहट के साथ बताया–'सादापन का अर्थ था, घुटा हुआ सिर, उस पर

नाचती चुटिया, बड़े भाई के उतरे कपड़े...'

छुटपन के विरोधी अहसासों की बातों का ज़िक्र भी मुस्कराते हुए ही–पाँचेक वर्ष का रहा होऊँगा, तभी अक्षरबोध भी नहीं हुआ था और अष्टाध्यायी के सूत्र कण्ठस्थ करने पड़ते थे–'अदेंगुणः', 'इको गुण वृद्धिः' इनके मतलब आज तक नहीं मालूम...और हँस पड़े थे भीष्म जी।

मैंने आज तक किसी 'बड़े' लेखक क्या छोटे लेखक को भी उनकी-सी निश्छल, पारदर्शी हँसी हँसते नहीं पाया। जितना कुछ कहते, उससे बहुत ज़्यादा मिल जाया करता। शब्दों के साथ जुड़ी पारदर्शिता, आँखों में स्फटिक-सी झलमलाती। मामूलीपन की यह सादगी बेजोड़ थी।

हमेशा अपने लिखे, अपनी उपलब्धियों की बात से कतराते रहने वाले, शरमीलेपन की हद तक संकोची। उनकी लिखी पहली कहानी की बात पूछी तो –"किसी दुखिया नारी की थी...बड़े बेसिर-पैर की कहानी रही होगी। आज भी याद करता हूँ तो झेंप-सी महसूस होती है।"

मैंने 'तमस' की ओर बात घुमाई–अपने समय का दस्तावेज़, हर भाषा, हर साहित्य में नहीं हुआ करता ऐसा उपन्यास। जवाब में भरपूर संकोच से सिर्फ़ इतना कहा जाता है–"'तमस' तो लिखना ही था मुझे, इतना कुछ देखा, गुज़रा था। लेकिन जहाँ तक यश की बात है, उसका श्रेय फ़िल्मानेवाले को है, फ़िल्म किसने बनायी, यश किसे मिला।"

'पाली', 'अमृतसर आ गया है', 'चीफ़ की दावत', 'वांङ्‌चू' जैसी कहानियाँ, 'झरोखे', 'तमस', 'मय्यादास की माड़ी' जैसे उपन्यासों, जीवनी और कई नाटकों के यशस्वी लेखक की विनम्रता और संकोच की हद ही हुई न। उनकी किसी भी रचना, पुस्तक की प्रशंसा करो, बचकर निकलने की ही कोशिश या फिर बेहद संकोच-भरा स्वीकार। न वह संकोच बनावटी होता, न विनम्रता। पत्रों में भी अपने ख़िलाफ़ लिखने से बाज़ नहीं आते। 'कुंतो' पर मैंने अपनी प्रतिक्रिया भेजी तो जवाब आता है–'आपकी प्रतिक्रिया में स्नेह और सद्‌भावना अधिक और आलोचना कम नज़र आयी। इसने भी गहरे दिल को छुआ, पर काश, आप त्रुटियों की ओर ध्यान दिला पातीं! आपकी दृष्टि तथा विचारों का मैं ऊँचा मूल्य आँकता हूँ। मुझे निश्चय ही अपने काम को देखने-परखने में आपके दो-टूक विचारों से सहायता मिलती।'

इतनी सहजता और निश्छलता से कोई वरिष्ठ रचनाकार अपने से अट्‌ठाईस वर्ष छोटी लेखिका के सामने उसकी प्रशंसा तथा अपनी सीमाओं का इज़हार कर सकता है आज की तारीख़ में?...सिर्फ़ प्रशंसा नहीं, एक प्रच्छन्न सीख भी, समीक्षा और

मूल्यांकन के समय शुद्ध विवेकी, तटस्थ और निष्पक्ष दृष्टि से काम लो, वरिष्ठता और कनिष्ठता भूल जाओ...लेकिन आज की वस्तुस्थिति क्या यह नहीं है कि साफ़ नीयत से की गयी, समझायी गयी चूकों से भी आज बड़े-छोटे रचनाकार 'तैश' खा जाते हैं। आत्मस्वीकृति और आत्मालोचन की बात तो बहुत दूर है। यह सच्चा-सा दर्पण बस भीष्म जी के पास था। शायद ऐसी हस्तियाँ साँचों में नहीं ढलतीं। ख़ुद अपने साँचे गढ़ती और तोड़ देती हैं।

दिल्ली अब अपनी लगने लगी थी। कभी-कभार दो-चार दिन को जाओ तो वहाँ मन्नू जी, विष्णू (प्रभाकर) जी, शीला जी और भीष्म जी होंगे, सोचकर अच्छा लगता। दूसरी बार दिसम्बर में पहुँची थी दिल्ली, तो मन फिर हो आया। बेटे से पूछा तो बोला, "सुबह ऑफ़िस पहुँचने से पहले जाते वक़्त ही ले चल सकता हूँ... बहुत दूर है..." इतनी कड़कड़ाती ठण्ड में, मन अन्दर से फटकारता है, उनकी उम्र का तो ख़याल करो। सिर्फ़ इसलिए किसी के घर धमक पड़ना कि बेटा सुबह ही ऑफ़िस पहुँचने से पहले रास्ते में तुम्हें छोड़ सकता है। लेकिन फ़ोन शीला जी के हाथ लग जाता है–"अरे तो क्या हुआ...हम दोनों सुबह की सैर से जल्दी लौट आयेंगे। आप बस आ जाइये। नाश्ता भी हमारे साथ ही कीजिएगा...जो हम करते हैं बस वही..."

जान-बूझकर यथासम्भव देर से पहुँची थी लेकिन वे दोनों सैर से जल्दी लौटकर मेरा इन्तज़ार कर रहे थे। कड़ी ठण्ड से बचाव वाले कश्मीरी कुर्ते-सलवार पर कसकर लपेटी शॉल में शीला जी और मोटे पुलोवर में भीष्म जी। कुनमुनी धूप में खुली, खिली, मुस्कुराहटों की ऊष्मा। हम बाहर खुले में कुर्सियाँ खींचकर बैठ लिये। शीला जी ने चाव-भरी उत्फुल्लता से, बीच की छोटी-सी मेज़ पर, टोस्ट-मक्खन, फल और खजूर रख दिये। अन्दर कुछ लेने जातीं, तो सफ़ेद रेशमी बालों की लम्बी सी चोटी पीठ पर लहराती होती। बोलती ही जातीं, बोलती ही लौटतीं। सिलसिला टूटता नहीं। न बातों का, न छलकती हँसी का। बतकहियों की रंगीन चादर-सी बुनती जातीं। बीच-बीच में भीष्म जी महीन बूटे से टाँकते।

हर बार उनके पास से वापस आने के बाद, घण्टों उन्हीं पर लिखते रहना चाहा था लेकिन समय और स्वास्थ्य ने मुहलत नहीं दी। कई-कई पृष्ठ आधे-अधूरे, तितर-बितर होते रहे...साल-दर-साल गुज़रते रहे...और अचानक एक दिन उनका ख़त मिलता है–"सूर्यबाला जी, आपको एक दुःखद सूचना देनी है, शीला नहीं रही। लगभग महीने भर पहले उसकी तबीयत सहसा बिगड़ गयी, वह सुस्त पड़ने लगी। दो सप्ताह अस्पताल में रही, फिर एक दिन प्रातः चुपचाप ही जैसे सब छोड़कर

चली गयी। मैं इस स्थिति में नहीं था कि आपको यथासमय सूचित कर पाता...उसे मैं ज़िन्दगी में कुछ दे तो नहीं पाया पर उससे जो मिला, वह मेरे लिए अमूल्य था। उसके चले जाने से, लगता है, किसी वीराने में पहुँच गया हूँ। हमारा बहुत लम्बा साथ रहा।"

महीने भर बाद भी ख़त लिखते हुए जैसे वे शीला के अन्तिम क्षणों को देख रहे थे। वह साथ मैंने देखा था। बहुतों ने देखा होगा। हमेशा अपने तानों-उलाहनों के साथ भीष्म जी के चारों ओर मँडराती रहने वाली शीला–"सूर्यबाला जी! जानती हैं 'भीषम' ने कितने-कितने साल होम किये मास्को में...मैं हमेशा कहा करती थी, भीषम कुछ तो चेतो...इनसे पूछिए, इन्होंने कभी मेरा कहना माना?...दूसरों के कामों के पीछे अपना बहुत हर्ज किया इन्होंने, सूर्यबाला जी...कहीं ज़िन्दगी ऐसे चलती है। इन्हें दबाते जाओ, बेगार लेते जाओ, उफ़ नहीं करेंगे ये। मैं कुछ कहती हूँ तो सुनते नहीं...आप बताइये, इतना सीधा भी क्या होना कि...और अचानक रुक जाती हैं–आपको लग रहा होगा कि आईं तो आप भीषम से मिलने और बोलती मैं जा रही हूँ न!"

'नासमझ' भीषम शर्मीले किशोर से मुस्कुराते रहते...जैसे फूल बटोर रहे हों। हाँ फूल...बहुत बटोरे उन्होंने। हर पीढ़ी के छोटे और बड़े रचनाकारों के आदर और प्यार के फूल...'नासमझ' और लापरवाह वे सिर्फ़ अपने लिए थे। दूसरों का काम हमेशा पहली प्राथमिकता पर।

'भीषम' जी को पता होता, मुझे भी, ये उलाहने उनके आपसी रिश्तों की जान हैं। साझेदारी हैं, गुस्से की, अभिमान की। शीला जी का कोई वाक्य 'भीषम' के बिना पूरा होता ही नहीं था। जी भर कर खींझती थीं। उन्हें तानों, उलाहनों से बेधती नहीं, नवाजतीं थीं जैसे...क्योंकि उन सबके केन्द्र में 'भीषम' होते थे। रचनाकार भीषम के सीधेपन और सादगी की प्रच्छन्न प्रशस्ति। उन्हें और ज़्यादा प्रतिष्ठा और ज़्यादा यश मिले, इसकी एक सात्विक आकुलता...बेपनाह शिकायतों के बीच, बेपनाह प्यार छलछलाता होता था। सम्बन्धों की पारस्परिकता और सघनता से भरी-पूरी एक खुली-खुली-सी ज़िन्दगी। इस सादगी से भरपूर खूबसूरती के सामने, आदमीयत सर झुकाती थी, सदके जाती थी–कि देखो, इस बेमुरौवत समय में भी कितनी पारदर्शी निर्मलता के साथ जिया जाता है।

उस ईस्ट पटेलवाले घर की, शीला जी के बिना मैं कल्पना नहीं कर पायी थी। इस कमरे से उस कमरे, इस मेज़ से उस दराज़, जीने के ऊपर से नीचे तक, मुझे लेकर चढ़तीं-उतरतीं शीला जी..."सूर्यबाला जी! आपने भीषम के बचपन की

स्मृतियोंवाला उपन्यास पढ़ा है?" और मुझे याद करने की कोशिश करते देख, "ठहरिए, मैं निकालकर देती हूँ आपको। एकाध कॉपी होगी ज़रूर। आइए ऊपर, आपको अपनी पेंटिंग्स दिखाती हूँ।" इस कमरे से उस कमरे तक काग़ज़ों, कैनवस पर फैला रंगों का अनूठा संसार...किशोरी-सी चपल उत्साह से भरी शीला जी। पीठ पर वही कोसा सिल्क की लच्छियों-सी लम्बी चोटी। सत्तर की उम्र में सत्रह-सा चाव, भीष्म जी की ज़िन्दगी को रंगों और रौनक से भरा-पूरा रखने का। मीठे ग़ुरूर से भरी बच्चों की बातें, यादें...उन यादों में अब शीला जी की भी यादें ईस्ट पटेलवाले घर के साथ जुड़ गयी थीं। उस वीराने में कब तक रह पाते भीष्म जी! इसलिए बेटे के पास आ गये थे।

लेकिन अपने अकेलेपन को कभी गतिशीलता का अवरोध नहीं बनने दिया। दूसरों का साथ देने के लिए हमेशा तैयार। काफ़ी पहले साहित्य अकादेमी के विशेषांक 'उत्तरा' में मेरी कहानी 'गृह-प्रवेश' का अंग्रेज़ी अनुवाद छपा था। वह प्रति खो गयी थी और अंक की प्रकाशन तिथि, वर्ष कुछ भी याद नहीं था। पहले, के. सच्चिदानन्दन जी को लिखा, फिर एक पोस्टकार्ड भीष्म जी को भी डाल दिया। कुल दो सप्ताह के अन्दर 'उत्तरा' का वह अंक डाक से मेरे पास पहुँच गया था। मुझे मालूम है किस तरह उन्होंने वर्षों पुराना तिथि, वर्षहीन वह अंक निकलवाकर भिजवाया होगा मेरे पास, लेकिन अपनी मुश्किलों की कभी बात ही नहीं। हमेशा दूसरों की मुश्किलों को ही आसान करने की कोशिश।

शीला जी के जाने के बाद, अगले तीन वर्षों में जब भी कहीं उनकी कोई रचना पढ़ी, हर जगह शीला जी की हलकी-सी झलक। स्वाभाविक भी था। 'वागर्थ' में 'चीलें' पढ़कर पत्र लिखा था तो जवाब आया–'व्याकुल मन से लिखी कहानी थी। लगता है, कहानी के नाते कमज़ोर बन पायी है।' सबसे ज़्यादा निर्मम अपने लिए ही होते देखा उनको।

मन कितना भी आकुल-व्याकुल हो, रचना-कर्म को लेकर आत्मानुशासन की डण्डी, वैसी ही कठोर किसी ग़लतफ़हमी की गुँजाइश नहीं रखते थे। लिखने का मन बन रहा है तो ही लिखेंगे। धैर्यपूर्वक मनोयोग से। भागते समय को लेकर किसी तरह की आपाधापी नहीं। शब्द धीरे-धीरे फूल की तरह खिलेंगे। कहीं पँखुरियों को कोई खींचकर खिलाता है!

एक बुज़ुर्ग लेखक मधु शर्मा जी की पुस्तक की भूमिका लिखनी थी। भीष्म जी को ससंकोच ही पत्र लिखकर पूछा। लौटती डाक से उत्तर आ गया–'उनसे कहिए,

दिक़्क़त की कोई बात नहीं, मैं विविध भारती के समय से जानता हूँ उन्हें...पुस्तक मेरे पास भेज दें...मैं लिख दूँगा...'

इस समय में होकर भी इस समय के नहीं थे भीष्म जी। कभी समय को कोसते नहीं सुना उन्हें। समय की बात चलती तो कहते इस समय को भी तो हमीं ने बनाया है। जैसे हम, वैसा समय। क्यों न समय को बेहतर बनाने की कोशिश की जाये! इसलिए सत्व और तत्त्व ही चुने। अच्छाइयाँ ढूँढ़ते, चुनौतियों पर बातें करते। नये लेखकों की ख़ूबियों और सेंसिटिविटी को बखानते।

लोग कहते हैं, आदमी के जाने के बाद उसकी ज़्यादा याद आती है। लेकिन भीष्म जी जब थे तब भी प्रायः नेकनीयती, ख़ुद्दारी, शाइस्तगी और संजीदगी की बातें चलतीं तो वे सामने मुस्कराते खड़े होते।

जाना सबको है आगे-पीछे। कोई बड़ी बात नहीं। बड़ी बात है आज के समय में, किसी एक जाने वाले के लिए इतने लोगों का उदास हो जाना! समय की सूखती संवेदना, सँकरी होती चौहद्दियों और साहित्य के बाज़ार की बदहवास रफ़्तार के बीच ज़रा भी विचलित हुए बिना, निर्द्वन्द्व विचर लेना अपने फ़क़ीरी बाने में।

उनके पास होना, बहुत सारे द्वन्द्वों और बेचैनियों का समाधान होता। एक उजास से भरता। अपने आप के प्रति आश्वस्त करता। एक बार मुझे लिखा था–'हमें परेशान करने वाले नकारात्मक तत्त्व बहुत हैं पर इनके बावजूद क़लम चलती रहे, हम जीवन के स्पन्दन को महसूस करते और क़ाग़ज पर उतारते रहें, यही बहुत है।'

शायद इसीलिए उनका याद आते रहना बहुत ज़रूरी है...'लेखक' से ज़्यादा अपने अन्दर के आदमी को बचाये रखने के लिए।

मन आजन्म ऋणी उनका...
दादा को याद करते हुए

अपने बचपन के शहर वाराणसी से इतनी दूर, मुम्बई की एक सुबह...

अख़बार के बीच छपी एक छोटी सी ख़बर–'पत्रकार मोहनलाल गुप्त नहीं रहे'...

हठात् मुझे स्तब्ध कर गयी है। अपनी नज़र में अनायास बहुत नीची हो गयी हूँ मैं...एक अकह अपराधबोध और आत्मधिकृत से भरा पछतावा–जिसका अब न कोई अन्त है न समाधान।

अभी, पिछले माह ही गयी थी बनारस। जिज्जी (बड़ी बहन वीरबाला वर्मा) ने कहा भी 'दादा बीमार हैं, चलो देख आयें'...मन अकुलाया, तुरत-फुरत चल पड़ने को प्रस्तुत...लेकिन कुल दो दिनों का प्रवास और झकझोर देने वाली औपचारिक व्यस्तताएँ एवं ज़िम्मेदारियाँ...निभाते-निभाते ही वापस मुम्बई की ट्रेन में बैठ गयी थी कि इस बार तो न हो सका लेकिन अगली बार अवश्य...

और अब, नम आँखों में चुपचाप क़तरा-क़तरा यादों की आवाज़ाही...या कहूँ कि गहमागहमी बढ़ गयी है। इतने सारे वर्षों का अन्तराल उलांघकर...महानगर के अपने इस फ़्लैट से, बचपन की अपने शहर की वह गली अचानक 'दादा' के घर की ओर मुड़ गयी है। 'मोहनलाल गुप्त' कहने पर तो वे बेगाने लगते हैं। आधी सदी पूर्व के 'आज' के 'साहित्य-परिशिष्ट' के सम्पादक, प्रखर पत्रकार, ज़्यादा व्यंग्यकार और 'आज' के साप्ताहिक अन्तिम पृष्ठ पर नियमित 'अरबी न फ़ारसी' के स्तम्भ-लेखक 'भैया जी बनारसी'...लेकिन इन सारे पक्षों से एक़दम अनूठा, शालीन और संजीदा व्यक्तित्व था उनका मेरे लिये 'दादा' के रूप में। 'आज' के ही बच्चों के पृष्ठ, 'बाल संसद' के हज़ारों बड़े-छोटे बच्चों के चहेते दादा। जितने सम्भ्रान्त, उतने ही ममतालु।

उस किशोरवय में, क़लम 'ढंग' से पकड़ने की, लिखने से ज़्यादा पढ़ने की और परिस्थितियों से जूझते रहने की, जो ताक़त उन्होंने मुझे दी थी, वह तमाम उम्र के लिए मेरे सही-ग़लत जाँचने का पैमाना बन गयी थी। जीवन और लेखन दोनों को लेकर उनकी कही, समझायी बातें, आज भी द्विधा के क्षणों में मेरे लिए सही रास्ता तलाश देती हैं।

अभी तक याद है, कैसे धड़धड़ाते हृदय से हाथों में अपनी कविता लिये सीधे कबीर चौरा के 'आज भवन' पहुँच गयी थी। हुआ यह था कि 'बाल-संसद' में आयोजित प्रतियोगिता के लिए मेरी कविता भेजने की अन्तिम तारीख़ थी और रचना के साथ अपनी सदस्य-संख्या का उल्लेख करना आवश्यक था जो मैं पूरी तरह विस्मृत हो चुकी थी। तमाम बचपनिया उधेड़बुनों के बीच याद आया, माँ के साथ रिक्शे में विशेशरगंज जाते हुए रास्ते में 'आज भवन' पड़ता है। इतना ज़्यादा दूर भी नहीं। मन में उत्साह और उतावलापन हो तो पैदल भी जाया जा सकता है। स्वयं जाकर सदस्य-संख्या मालूम की जा सकती है और–इन 'दादा' को भी आमने-सामने देखा जा सकता है।

माँ की तरफ़ से मुझ तीसरी बेटी को जैसे अनेक छूटें मिली हुई थीं, इसके लिए भी अनुमति मिल गयी और मैं पैदल पंख लगाकर उड़ चली।

'आज भवन' पहुँचकर ऊपर की सीढ़ियाँ तक चढ़ गयी और अब मैं एक बड़े-से हॉल के आदमक़द दरवाज़े पर खड़ी थी–अन्दर तमाम सारी मेज़ें फाइलें, कागज़ और उन पर झुके हुए लोग।

"दादा?" पूछते ही किसी ने मुस्कुराकर उनकी मेज़ की तरफ़ इशारा कर दिया था। उन्होंने पसीने-पसीने हुए मेरे चेहरे की घबराहट और संकोच भाँपा। ख़ूब स्नेह, ख़ूब इत्मीनान से बातें कीं और चलने से पहले, बच्चों पर लिखी अपनी पुस्तक, 'चौराहा' दी। घर का अता-पता पूछा तो पता चला, मेरी गली से उनके घर तक का रास्ता मुश्किल से पाँच-सात मिनट का ही है। जब चाहे आ सकती हूँ उनके घर... किताबें ले जा सकती हूँ–पढ़ने के लिए, जितनी मन चाहे, उतनी।

सिलसिला शुरू हुआ, सचमुच पुस्तकों का एक पूरा ख़जाना। बेधड़क, नि:संकोच ले जाओ पढ़ो, लाकर वहीं रख दो। कभी पुस्तकों के चुनाव में ख़ुद मदद करते, फणीश्वरनाथ रेणु से लेकर ताराशंकर वन्द्योपाध्याय और लियो टॉलस्टाय तक की किताबें मैंने वहीं से ला-लाकर पढ़ीं।

पर मेरा संकोच अपनी जगह क़ायम था। सिर झुकाये जाती, सिर झुकाये आती। चारों तरफ़ उनके परिवार के तमाम सारे लोग, अधेड़ पिता, छोटे भाई, बड़े,

छोटे बच्चे। मेरे दरवाज़े तक पहुँचते ही 'आँगन पार से' उनके पिता आवाज़ देते, "मोहनलाल! बिटिया आयी है" और मैं जीना चढ़कर ऊपर पहुँच जाती। अन्दर-अन्दर सब इस बिटिया को जानने लगे थे। जो "जी, दादा हैं?" पूछती, चुपचाप आती है, अपनी कविताएँ, कहानियाँ देती है। दादा से नयी किताबें लेती है और दो-चार बातों के जवाब दे, सिर झुकाये लौट जाती है।

एक दिन भाभी ने पकड़ा। 'दादा नहीं हैं' सुनकर जैसे ही मैं जल्दी में लौटने को हुई उन्होंने हाथ के इशारे से मुझे मुस्कराकर रोका। गोद के छोटे बच्चे को चम्मच से दूध का आख़िरवाँ घूँट पिलाया और मुँह पोंछकर किसी बड़े बच्चे के हवाले कर दिया। फिर इत्मीनान से मुझे कमरे में ले आईं। साँवली, स्वस्थ ममतालु चेहरेवाली भाभी अब मुझे खाट पर बिठाकर मुझसे घर-परिवार की ढेर सारी बातें पूछ रही थीं। अब सोचती हूँ, मुझे लेकर उन्हें कितना कुछ जानने की उत्सुकता थी जिसकी पुष्टि शायद दादा नहीं कर पाये थे। मेरे दिवंगत पिता, माँ, भाई-बहनों से जुड़ी बातें। बीच-बीच में ख़ुद अपनी और दादा की भी बातें। मज़ा तो तब आता जब भाभी भी 'दादा' को दादा कहकर ही बातें करतीं।

सारा कुछ जानने के बावजूद दादा ने मेरे प्रति कभी सीधी सहानुभूति या करुणा नहीं दर्शायी थी। उनकी सबसे बड़ी सदाशयता मैं इसी को मानती हूँ। कभी मेरे ज़्यादा भावुक या कुण्ठित होने पर कहते–"निराला बनने की कोई ज़रूरत नहीं है..." उनका आशय उन दिनों ख़बरों में आ रही निराला जी की विक्षप्तता से जुड़े समाचारों से था। वे अपनी हालत पर बिसूरने के नहीं बल्कि अपनी लड़ाई आप लड़ने के हिमायती थे। चुपचाप मुझे मदद कर पाने की तरकीबें सोचते। कविताओं की जगह लेख, कहानी ज़्यादा देने का आग्रह करते। (कविताओं का पारिश्रमिक बहुत कम होता...) शायद इसीलिए इंटरमीडिएट पास करने के साथ ही मेरी रचनाएँ 'आज' के वयस्क पृष्ठों पर छपने लगी थीं। उन रचनाओं पर मिलने वाला दस रुपयों का प्रारम्भिक मानदेय और मनीऑर्डर फ़ार्म का टुकड़ा मैं पहले पूजा की चौकी पर चढ़ाती, बाद में माँ को देती।

मेरा बहुत सारा लेखन जीवन-मूल्यों और मानवीय सम्बन्धों के ताने-बानों और द्विधाओं में उलझता चलता है। रिश्ते और जुड़ाव मेरी सबसे बड़ी कमज़ोरी हैं। प्राय: ऐसे अपरिभाषित अनाम सम्बन्ध भी जो निर्विकार भाव से जीवन में बहुत मूल्यावान जोड़ जाते हैं। अब सोचती हूँ, इस सबके मूल में कहीं दादा और भाभी से जुड़े सम्बन्धों की भी अपनी भूमिका है। दादा के प्रति मेरा सम्मानभाव ऐसा ही था।

बी.ए. में थी जब एक दिन अचानक लखनऊ, इलाहाबाद के आकाशवाणी केन्द्रों से 'रचना-पाठ' का अनुबन्ध-पत्र आ पहुँचा। उत्साह, औत्सुक्य और उत्तेजना चरम पर। मन-मन में अकाश छूने जैसा भाव। पता चला उन केन्द्रों के माँगने पर दादा ने ही मेरे नाम का सुझाव भेज दिया था।

बहरहाल, वह आकाशवाणी लखनऊ, इलाहबाद केन्द्र की कार्यक्रम अधिकारी शान्ति मल्होत्रा जी का पत्र था। रेडियो से प्रसारित होने वाले कवयित्री सम्मेलन में भाग लेने के लिए पहला बुलावा। दादा की वजह से...लेकिन दादा वैसे ही निर्विकार अहसान या उपकार किये जाने जैसा कोई भाव ही नहीं। पूछा तो सिर्फ़ इतना–"पैसे दिये कि नहीं उन्होंने?" मेरे ससंकोच 'ना' कहने पर एक सात्विक आक्रोश। बाद में पता चला, चूँकि मैंने अपने कॉलेज की छात्रा के रूप में भी किसी कार्यक्रम में भाग लिया था, इसलिए या जिस लिए भी, पारिश्रमिक नदारद। मेरे पारिश्रमिक की क़ीमत मुझसे ज़्यादा, दादा समझते थे उन दिनों।

एम.ए. प्राइवेट पास किया तो पीएच.डी. कर डालने के सुझाव दिये जाने लगे। आर्थिक दृष्टि से पूरी तरह टूट चुकी माँ की स्थिति समझकर मैं बिल्कुल उत्साहित नहीं थी पर 'दादा' ने सुना तो फ़ौरन सुझाव दिया–"चलो एक दिन डॉ. शर्मा (हिन्दी विभाग के अध्यक्ष) के पास चलते हैं। ...नहीं होगा, न सही पर पहले ही क्यों हिम्मत हारकर बैठ जाना?...कोशिश तो करनी चाहिये न!"

सिर्फ़ कहा नहीं एक इतवार को साथ लेकर गये भी। शायद जान गये थे कि स्वयं अपने लिए किसी के सामने हाथ फैलाने, कुछ माँगने के लिए मैं कभी जाने वाली नहीं।

उन दिनों के काशी विश्वविद्यालय के हिन्दी विभागाध्यक्ष डॉ. जगन्नाथ प्रसाद शर्मा की तनी भृकुटियाँ, भिंचे होंठ और तीखे, अनर्गल वाक् वाणों की प्रतिरक्षा पंक्ति में उन्होंने मुझे बिल्कुल नहीं आने दिया। सिर्फ़ नाम और मेरे प्राप्तांक के प्रतिशत को छोड़कर, सारे प्रश्नों के उत्तर स्वयं दादा ने दिये और डॉ. शर्मा से 'हाँ' करवा के लौटे।

लेकिन मैं ख़ुश नहीं थी। विभागाध्यक्ष डॉ. शर्मा के गुर्राहट-भरे लहजे और शब्द-शब्द से टपकते दम्भ के प्रति जब मैंने अपने अन्दर की तिक्तता व्यक्त करते हुए कहा कि पीएच.डी. करना ऐसा कुछ ख़ास ज़रूरी नहीं है मेरे लिए तो दादा ने हँसते हुए मुझे समझाया था–"एक बात तुम्हें नहीं मालूम। तुमने उनके पूछते ही अनजाने उनके सामने आचार्य विश्वनाथप्रसाद मिश्र जी का नाम ले लिया था जो तुम्हारे नाना लाला भगवादीन के पटु शिष्य थे, बस इतना ही उन्हें आग बबूला करने

के लिए काफ़ी था। मिश्र जी की विद्वता और गरिमा से शर्मा जी कहीं अन्दर ही अन्दर आतंकित से रहते हैं।

मेरे विवाह की बात सुनी तो उनके चेहरे से सुखद आश्चर्य की ख़ुशी छलक पड़ी थी। भाभी से बोले–"अरे, अब इसके क्या कहने, पति मॅरीन-इंजीनियर। सारी दुनिया खँगालती फिरेगी।" फिर सहसा याद दिलाते से बोले–"क़लम सँभाले रहना। अक्षर-शब्दों में सारी दुनिया समेटना। 'आज' तो तुम्हारा अपना पत्र है ही लेकिन बाक़ी की बड़ी पत्रिकाओं में भी पूरे आत्मविश्वास से भेजो। तुम्हारी रचनाएँ किसी भी स्तरीय पत्रिका में स्थान पाने योग्य हैं।"

सोचती हूँ, एक अदना-सी अनभयस्त क़लम के लिए इतने भरे-पूरे मन से स्नेह और आशीष देने वाले कितने होंगे आज इस दुनिया में!...प्रतिदान और एवज़ी की सम्भावना और उम्मीद के बिना कौन अपना समय इस तरह नौसिखुओं की भावनात्मक, रचनात्मक ज़रूरतों की ख़ातिर झोंकना पसन्द करेगा?

कम व्यस्त नहीं रहा करते रहे होंगे, ख्याति, कैरियर और लोकप्रियता में बेढब (बनारसी) जी के बाद उन्हीं का नाम लिया जाता था उन दिनों। 'आज' के अन्तिम पृष्ठवाला उनका स्तम्भ, 'अरबी न फ़ारसी' उन दिनों सर्वाधिक लोकप्रिय स्तम्भ था। कितने ही पाठकों को 'आज' की शुरुआत पिछले पृष्ठों से करते देखा था मैंने। किन्तु न कभी अपनी रचनाओं, पुस्तकों की बात, न सफलता और उपलब्धियों की। बात जब भी करते, तो सामने बैठे व्यक्ति की रुचि, अपेक्षाओं और उम्मीदों की। उसे दी जा सकने वाली सहूलियतों की।

बाद के सालों में बहुत दूर हो गयी। कभी एकाध बार थोड़ी-बहुत देर को मिली भी तो अधूरी-सी बातें ही हो पायीं। न कभी कोई शिकायत, न उलाहना। उल्टे मेरी उपलब्धियों (?) पर गद्गद, सन्तुष्ट। एकाध बार मीठी चुटकी...शहर में ख़बर करवा दूँ? संगोष्ठी! बैठक!...और मेरे कानों पर हाथ धरते ही हँस पड़ते, एक तृप्त उल्लास से।

सोचा कई बार था कि अतीतजीवी मैं, धुर बचपन की अपनी भावनाओं, अहसासों के साक्ष्य, सम्बल रूप, उनकी यादों को उनके रहते ही शब्दबद्ध करूँगी पर चूक गयी। और यह कोई छोटी-मोटी चूक नहीं है। अपराधबोध के इस कटघरे से कभी मुक्त नहीं होने वाली मैं।

मुक्त होना चाहती भी नहीं। क्योंकि ऐसे पछतावे हमें थोड़ा ही सही मनुष्य बनाये रखते हैं...

विष्णु जी : कुछ पत्र-स्मृतियाँ

(मैं तो इतना प्यार पा चुका हूँ कि तिरस्कार मुझे परेशान नहीं करते...)

मेरे सामने विष्णु प्रभाकर जी के लिखे नीले अन्तर्देशीय पत्रों का एक भरा-पूरा संसार है। हममें से बहुतों के पास होगा। बड़ा आत्मीय और विश्वासी। सबके दुःख-सुख से वास्ता रखने वाला। सबको साथ लेकर चलने वाला। इस सामान्य से बने रहने वाले संवाद में लेखकीय चालाकियों और ऊँचे क़िस्म की फ़िक़रेबाज़ियों के लिए ज़्यादा जगह नहीं हुआ करती थी। क़द-काठी की भी नाप-जोख नहीं होती। जिसे आना हो, आये, और देखे कि क़लम किस तरह हल की तरह चलायी जाती है। इस तरह कि–

"मेरे तो छियासी वर्ष पूरे हो गये। सत्तासीवें का भी एक महीना बीत गया। आँखों और पैरों में कष्ट है, स्वाभाविक है। अकेले आना-जाना नहीं हो पाता पर काम छह-सात घण्टे रोज़ कर लेता हूँ...स्वभाव बन गया है...आप भी रोज़ लिखती हैं न!..."

मेरा चित्त अक्सर हैरान रह जाता, जब इस तरह कुशल-क्षेम पूछता, अशीषों से नवाज़ता, उनका कोई पत्र आ पहुँचता है। कभी नीले अन्तर्देशीय, कभी उन जैसा ही सादा-सूदा पोस्टकार्ड और कभी फूलों से लदा शुभकामना-पत्र।

सत्तासी की आयु में नौजवानों को मात करती उनकी कर्मनिष्ठा और शब्द-साधना अपने आप में बेमिसाल है। लिखना भी, किसी जुनून, किसी आवेगी महत्त्वाकांक्षा की तरह नहीं, बस नियमित लेखन के एक अटल व्रत की तरह, जीवन को साधे रखने की एक शर्त की तरह। तन-मन के स्वस्थ, निर्मल, निस्पृह और निष्काम बने रहने की सतत साधना के रूप में। आयुजन्य सारी सीमाओं और निषेधों को चुनौती देती उनकी अदम्य ऊर्जा और वत्सलता विलक्षण है। विशिष्ट होने के बाद भी विशष्टता-बोध से पूरी तरह विरत, तमाम सारी कृत्रिमताओं

और आत्मप्रदर्शन की अभिनय-कलाओं के बीच भी उनका सहज, निराभिमानी बने रह जाना आश्चर्य से भर देता है...अक्सर पाया है कि बड़े और विशिष्ट लोगों के लिए भी, लोकप्रियता और कीर्ति गाथाओं के बीच अपने आप को सामान्य बनाये रखने की कोशिश, प्राय: असफल ही सिद्ध होती है। स्वाभाविक प्रक्रिया तो इस धारा के वेग के साथ बहते जाने की ही होती है...'बूड़े, बहे हज़ार' के बीच धारा की उलटी दिशा में चट्टान-सा स्थितप्रज्ञ और अविचल बने रहना सब किसी के बूते की बात नहीं। कितनी भी कोशिश करें, वरिष्ठता और विशिष्टताओं के प्रभामण्डल से मुक्ति आसान नहीं, न छद्म विनम्रता का ज़्यादा देर तक निर्वाह ही सम्भव हो पाता है।

...याद आता है, दिल्ली में एक बार अपने से काफ़ी बड़ी बहन के साथ पूछते-पूछते उनके घर पहुँच गयी थी...किताबों से 'अँटे' कमरे में, कुछ इस तरह बैठे थे जैसे किताबें ही उन्हें घेरकर बैठी हैं। ऊपर-नीचे अगल-बग़ल चारों तरफ़ किताबें... चौकी पर छोटी-सी गद्दी। एकाध कुशन। पास में फ़ोन। बीचोबीच स्थितप्रज्ञ साधक की तरह आसीन। लगभग एक पूरी सदी की रचनाशीलता के इतिहास के साक्ष्य रूप। बातें चलीं तो दशकों-दशक के जीवनानुभव, संस्मरणों और स्मृतियों की पिटारी, प्रसंग। बातों पर बातें खुलती और वापस में पिरोती चली जाती हैं, निर्विरोध, निर्बाध, उनके सहज अनुभूत, ऐतिहासिक उद्धरण। कहीं टोकने-टाकने की इच्छा नहीं होती सिर्फ़ और-और ज़्यादा सुनने, जानने की उत्कण्ठा।

अचानक सुई का काँटा पाँच पर पहुँचता है। मैं अनचाहे ही हड़बड़ाकर उठ खड़ी होती हूँ। दिल्ली की झकाझोर ट्रैफ़िक में, ऑफ़िस छूटने के बाद मेरा बेटा नियत स्थान पर खड़ा बेसब्री से प्रतीक्षा कर रहा होगा।

लौटकर अपने शहर आयी तो हफ़्ते भर बाद उनका पत्र मिलता है–

आपको जल्दी जाना था...मैं अपनी ही बात कहता रहा। आपकी नहीं सुन पाया।

औपचारिक मुलाक़ातों पर बाद तक सोचना, पछताना और अकृत्रिम भाव से लिख भी भेजना। व्यावसायिकता के इस अन्धड़ में कौन सा लेखक, रचनाकार, अपनी संवेदना की इस पूँजी को बचा पाया है। उपलब्धियों की बन्दरबाँट के बीच अपने हिस्से की लूटपाट में अस्त-व्यस्त, हम सभी के पास कहाँ किसी दूसरे के लिए समय बच पाता है।

आजीवन अपने आप को मामूली इन्सान बनाये रखने का हठ जारी रखने वाले विष्णु जी के इन पत्रों का आकाश हमेशा ज़मीन से जुड़ा रहता है।

इसके साये में हम जिन्दगी का धूपछाँही सफ़र, राग-विराग को साधते हुए भी निरुद्वेगी भाव से तय कर सकते हैं। वे आपको ऊर्जा भी देते हैं, भरोसा भी सौंपते हैं लेकिन साथ में सहज और निराभिमानी बने रहने की शर्त, बस।

अधिकांशत: अन्तर्देशीय ही लिखते थे, बाद में लिपिक के हाथों लिखे पोस्ट कार्डों में अपने पत्र बोलकर लिखवा देते।

ठीक-ठीक याद नहीं आता कि कब किस सन्दर्भ में विष्णु प्रभाकर जी को पहला पत्र लिखा था किन्तु लिखने के ठीक आठवें दिन मेरे पास आया उनका पत्रोत्तर मुझे आपादमस्तक रोमांचित कर गया था–

'कल आपका पत्र पाकर मुझे ज़रा भी आश्चर्य नहीं हुआ...क्योंकि न जाने कितने वर्षों से मैं आपको लिखने के लिए समय ढूँढ़ता रहा...वर्षों पूर्व आपका छोटा-सा मार्मिक उपन्यास सम्भवत: 'मेरे सन्धि-पत्र' पढ़ा था। बीच-बीच में भी पढ़ता रहा, व्यंग्य भी, कहानियाँ भी। लेकिन कुछ समय पूर्व एक लम्बी कहानी पढ़ी थी। अभी तक पूरी तरह याद है...नाविक पति, रुक्ष, ठण्डा व्यवहार...पुत्र-प्राप्ति से पति-पत्नी सम्बन्धों में सुधार...तभी पति की मृत्यु। पत्नी का दूसरा विवाह? किशोर पुत्र का द्वन्द्व और अन्त में पुत्र का पिता के समान ही नाविक बन जाना।'

यह मेरे उपन्यास 'यामिनी-कथा' की कहानी थी। शीर्षक विस्मृत हो जाने के बावजूद, उपन्यास के मार्मिक स्थल, सिलसिलेवार उनकी स्मृति में यथावत् थे। अपनी जानकारी में, उक्त पुस्तक मैंने भिजवायी भी नहीं थी उनके पास, न मेरा प्रत्यक्ष परिचय ही था उनसे, आग्रह करना तो दूर की बात थी। चारों तरफ़ रखी पुस्तकों के अम्बार के बीच से यह पुस्तक पढ़ने या सम्मति भेजने का यह उनका अपना निर्णय, अपनी रुचि थी।

ऐसा भी नहीं कि अस्सी-पचासी के आर-पार जाती उम्र में उन्हें पढ़ने-लिखने में असुविधा न होती हो या समयाभाव न रहता हो।

सबसे बढ़कर.."अब तो मेरी आँखें ख़राब हो गयी हैं...बचपन में किसी चोट ने ज्योति बहुत कम कर दी...सिर्फ़ सूरज की रोशनी में काली स्याही से लिखे पढ़ लेता हूँ।"

लेकिन उनकी आन्तरिक ऊर्जा दुसह्य असमर्थताओं के बीच से जिजीविषा की संजीवनी खींच लेती थी–

'मेरी आँखों का ऑपरेशन पच्चीस फ़रवरी को होना है। डॉक्टर, वैसे चाहते नहीं कि ऑपरेशन हो क्योंकि पर्दा और रैटिना दोनों कमज़ोर हैं। रोशनी लौटने की

कोई आशा नहीं। पर मैंने तय किया है कि ऑपरेशन कर दें...हो सकता है, एक-दो प्रतिशन (ही सही,) रोशनी लौट आये...'

अडिग विश्वास और आत्मबल की पराकाष्ठा जब कि रक्तचाप कभी साठ पर उतर आता था, कभी दो सौ तक चला जाता था...लेकिन चिन्ता है तो सिर्फ़ एक-बहुत-से सोचे हुए काम अधूरे रह जायेंगे...अस्वस्थता घेरती है। आयु की सीमा और अशक्तताएँ बार-बार लालबत्ती दिखाकर आगाह करती हैं लेकिन न आत्मविश्वास डिगता है, न निष्ठा खण्डित होती है।

'डॉक्टर नहीं चाहते लेकिन उनकी उम्मीद बरक़रार है। एक-दो प्रतिशत रोशनी का इन्तज़ार है जिससे काम सुचारु रूप से चलता रहे।'

'दस लम्बी कहानियों का संग्रह प्रेम में दिया है। अगले तीन ग्रन्थ भी तैयार कर लिये हैं। एक नाटक लिखने की योजना है...इस बीच कर्ण और कुन्ती को लेकर जो नाटक लिखना चाहा है, उन्हें सोचते हुए था, उसका अध्ययन चल रहा है...एक नये दृष्टिकोण से...जिसमें कोई अलौकिक नहीं, सब सामान्य जन हैं।'...

इतनी व्यस्तताएँ, औपचारिक साक्षात्कार, अनौपचारिक मुलाक़ातें, रेडियो, टी.वी., पत्र-पत्रिकाएँ...ऊपर से सत्तासी की उम्र में भी कॉफ़ी हाउस में दो घण्टे बैठने का उत्साह।...मैदान छोड़कर भागना उन्होंने नहीं सीखा था। पठन-पाठन को लेकर जुनून की हद तक अध्यवसायी। जितना लिखना, उससे कहीं ज़्यादा अन्य रचनाकारों को पढ़ना, सराहना तथा पूरे मनोयोग से प्रेरित, प्रोत्साहित, करना।

'अभी अचानक 'अक्षरा' में आपके कथा-संग्रह 'साँझवाती' की समीक्षा पढ़ी। भाई चन्द्रकान्त (बांदिवडेकर) जी ने बहुत सुन्दर विश्लेषण किया है...सच मानिए, इस समीक्षा को पढ़कर मुझे अपनी दुर्बलताओं का पता चला। मेरी हार्दिक बधाई स्वीकार करें...आपका यह संग्रह भी पढ़ूँगा।'

पत्र पढ़कर प्रसन्न होने के बदले मैं सकते में आ गयी थी। किसी वरिष्ठ लेखक द्वारा की गयी ऐसी अतिरेकी प्रशंसा या अपनी कमियों का बेबाक उद्घाटन, अपने को मामूली लेखक की कोटि में रखने का हठ, कहीं उनके प्रति बरती जाने वाली उपेक्षा, या की जाने वाली आलोचनाओं का परिणाम तो नहीं? कारण जो भी रहे हों, ये विष्णु प्रभाकर के अन्दर के व्यक्ति और लेखक दोनों को बड़प्पन की पराकाष्ठा तक ले जाता है। हर पल में कुछ न कुछ ऐसा होता जिसे गाँठ में बाँध लेने से जीवन से जुड़ी बीहड़ यात्राएँ, थोड़ी, सुगम प्रतीत होने लगतीं। स्वयं अपने अन्दर स्थित बहुत-से छल-प्रपंच भी मुँह छुपाने के लिए बग़लें झाँकने लगते। उनके पत्र वे दर्पण

थे जिनमें हम अपना प्रतिबिम्ब देख, सँवार सकते थे। जिसे स्वीकारते, शरणागत की तरह उसकी हित-चिन्ता, सहायता कर पाने का यथासम्भव प्रयत्न करते। सम्बन्धों के प्रति कभी उन्हें अनुदार होते नहीं देखा।

छह वर्ष पूर्व, 'व्यंग्य-श्री' सम्मान लेने पुरुषोत्तम हिन्दी-भवन न्यास, समिति (दिल्ली) पहुँची तो गोविन्द व्यास जी ने समिति के पते पर आया विष्णु जी का बधाईवाला अन्तर्देशीय दिया। मैं विस्मित, मेरे आवास के पते पर भी तो भेज सकते थे। पत्र खोलती हूँ तो उत्तर पाकर अभिभूत हो जाती हूँ...

"मुझे आशंका थी कि मेरा पत्र मुम्बई पहुँचे, उससे पहले ही आप दिल्ली के लिए रवाना हो जायेंगी। इसलिए यह पत्र मैं आपके समारोह-स्थल के पते पर भेज रहा हूँ। आप कहाँ ठहरेंगी, मुझे पता नहीं। जो भी हो, मेरी बधाई आप तक पहँच ही जायेगी..."

कैसा शिशुवत् उत्साह और उतावली आयु के उस सोपान पर जहाँ किसी अन्य की उपलब्धियों और लाभ-हानि से व्यक्ति पूरी तरह उदासीन हो गया होता है। विशेष-कर साहित्य, कला और संगीत की धुरन्धर 'प्रतिभाओं' के बीच तो किसी अन्य की ऐसी उपलब्धियाँ, प्रतिस्पर्द्धी कटुता का कारण ही बनती हैं। विष्णु जी ऐसी कमज़ोरियों से ऊपर उठने के लिए लगातार अपने आप को साधते रहते थे–'मुझे लेकर मेरे पक्ष और विपक्ष में मित्र लोग लिखते ही रहते हैं। उनका अधिकार है। यह क्या कम है कि मेरे जैसे पिछले युग के व्यक्ति को लोग भूले नहीं हैं। मुझे अपने बारे में कोई ग़लतफ़हमी नहीं है। सबसे मिलता हूँ और सबसे सीखता हूँ।'

प्रतिकूलताओं के बीच से चलने का यह उनका अपना तरीक़ा था। कभी न असंयत हुए, न इससे ज़्यादा मुखर कि...'मैं तो इतना प्यार पा चुका हूँ कि तिरस्कार मुझे परेशान नहीं करते।'

सचमुच उनके लेखकीय अवदान के प्रतिदान में साहित्य जगत् ने कंजूसी से कहीं ज़्यादा निर्ममता बरती। उपन्यास, कहानी के साथ-साथ साहित्य की अन्यान्य विधाओं को समृद्ध करने वाली उनकी कृतियाँ तो अपनी जगह थीं ही। 'आवारा मसीहा' जैसी श्रमसाध्य, शोधपरक, हिन्दी की एकमात्र प्रामाणिक जीवनी भी लोकप्रियता और ख्याति के शिखर पर पहुँचने के बावजूद शिखर-सम्मानों से वंचित रही...मामूली अवहेलना नहीं थी यह, शायद कोई दूसरा लेखक टूट जाता, कुढ़ता या शोर मचाता लेकिन उन्हें सम्भवत: उपेक्षाओं को बरदाश्त करने की आदत पड़ चुकी थी। धुन के पक्के अपनी राह चलते रहे।

जीवन भी कभी सुविधाओं से भरा-पूरा नहीं रहा। लेकिन उसी में सुख-सन्तोष ढूँढ़कर प्रसन्न रहते थे। नियति फिर भी विपरीत रही। उनतीस वर्ष पूर्व जीवन सहचरी अचानक साथ छोड़ गयी। टूटे नहीं, बरदाश्त किया लेकिन भाग्य शायद उनकी सहनशक्ति की सीमा नापना चाहता था। आयु के वृद्धत्व में भी कठिन संघर्ष, समस्याओं से लथपथ ही रहे...तभी तो कभी रोकते न रोकते लिख जाते–

सचमुच! ज़बान से कभी उफ़ नहीं निकली। पूरी ख़ुद्दारी से जिये और मैदान में उन्हें आउट करने वाली तमाम कोशिशों को नाकाम करते हुए शतक बनाकर ही मैदान छोड़ा। दो वर्ष और सवा या एक महीने का अन्तर उनके बनाये शतक की महत्ता क़म नहीं कर सकता।

अस्थायी अवसाद घेरता ज़रूर, विशेषकर जीवनसंगिनी सुशीला जी के विछोह के बाद...लेकिन सारे संघर्ष, सारे दुःख-सुख, और राग-विराग के बावजूद उनकी अक्षर-अक्षर अडिग, आस्था अटूट रही बल्कि उन्हें और ज़्यादा जोड़ती चली गयी...पीड़ा है भी तो अपने लिए नहीं, आने वाली सन्ततियों के लिए क्योंकि 'सभ्यता अपने चरमोत्कर्ष पर जा रही है। अब तो आदमी का इन्सान बनना बहुत कठिन हो गया है।'

शायद इसीलिए विष्णु जी ने अपने को एक सरल सहज इन्सान बनाये रखने का हठ जारी रखा। साहित्य को कभी भी जीवन को ओवरशेडो करने की अनुमति नहीं दी। साहित्यनिष्ठा उन्हें कभी जीवन-मोह और उत्तरदायित्वों से विरल नहीं कर सकी। बड़े-बड़ों को कहते सुना है कि लेखन और जीवन दोनों का सन्तुलन लगभग असम्भव है। संवेदना की गहराई और अभिव्यक्ति की सामर्थ्य के बूते पर हज़ारों-हज़ार पाठकों के प्रेरणास्त्रोत बने उजाले को किरन बनने वाले लेखक भी अपने जीवन भर अँधेरे में ही भटकते रह जाते हैं। लेकिन विष्णु जी लेखन, जीवन और सम्बन्धों की गरिमा के प्रति कभी अनुदार नहीं रहे...कैंसरग्रस्त जीवन सहचरी के जाने का समय तय था। पहले से स्पष्ट जानकारी थी। एक-एक पल पर काल की क्रूर दृष्टि घात लगाये बैठी थी, उम्मीदों के सारे सम्बल टूट चुके थे लेकिन उनका धीरज, संयम और अध्यात्मभाव अपनी जगह क़ायम था।

महाप्रयाण से दो-तीन दिन पहले जैसे जीवन की लौ समूची प्राणशक्ति समेटकर जल उठी थी–

"मेरे सब अरमान पूरे हो गये पर एक रह गया।"

"क्या है वह, उसे भी पूरा कर लो।" सामने बैठे विष्णु जी ने कहा था।

पीली धूप-सी वह फीकी-फीकी मुस्कान बोली–

"आपके साथ देश घूमने का जो प्रोग्राम बना था, वह क्या पूरा हो सकता है अब?"

"तुम तो अब इतनी लम्बी यात्रा पर जा रही हो, उसकी चिन्ता क्यों करती हो?"

कोई सामान्य व्यक्ति, अन्तिम यात्रा पर निकलने वाली सहचरी से यह वाक्य कहने से पहले ही टूट जाता...लेकिन वे आसन्न मृत्यु के प्रति, उस सहचरी को जैसे सहज रूप से तैयार भी कर रहे थे। पूरे मन से उनकी इस यात्रा को सुगम बनाने के लिए, अन्दर से भरे अवसादी हृदय के बावजूद उन्हें अन्तिम क्षणों तक सस्मित विदा देने के लिए कृतसंकल्प थे।

एक बार मर्मान्तक दर्द बढ़ने पर आँखें भींचकर पत्नी ने कहा था–

"कितने खम्भे गाड़ रहा है भगवान, मेरे स्वागत के लिए।"

"जाकर गिन लेना।"

"हरिद्वार चलो न। गंगा में विसर्जन कर दो।"

"कर दूँगा पर मुझे फाँसी पर चढ़ना होगा।"

असह्य दर्द के बीच पत्नी आँखें खोलकर मुस्कुरायी थी–"तब रहने दो।"

मोह के बीचोबीच भी इतना संयम और अवसाद के साथ घुला हुआ विनोद, उत्कट अनुरागी भाव के बिना सम्भव हो सकता है क्या? शायद एक आत्मिक शक्ति और परिपक्व दार्शनिक भाव ही मोह और विराग के बीच ऐसा सन्तुलन स्थापित कर सकता है।

'आवारा मसीहा' की भूमिका में स्वयं विष्णु जी ने लिखा है–'एक बात पूरे विश्वास के साथ कह सकता हूँ कि मैंने कला को भले ही खोया हो, आस्था को नहीं खोया...'

जीवन-आस्था की इसी पूँजी के बल पर साहित्य की समृद्ध विरासतों को सहेजते रहे थे वे। उनके व्यक्तित्व का यही समभावी तत्त्व प्रशंसा, निन्दा, शोक-विह्वलता सब कुछ को एक अदृश्य सन्तुलन से साधे रहता था।

सिद्धान्तों का उदार होना बहुत आसान है। मात्र कुछ शब्दों की जमाख़र्ची चल गयी स्त्री-विमर्श की घमासान...लेकिन जीवन में, व्यवहार में माँ और पत्नी के रूप में स्त्री को उसका सम्मान और दर्जा देने का श्रेय विष्णु प्रभाकर जैसे रचनाकारों को जाता है। चीज़ों को कहने और परखने का भी उनका एक अलग अन्दाज़ था। अपने एक संक्षिप्त साक्षात्कार में एक जगह उन्होंने कहा है–

'आत्मनिन्दा जो है न, वो भी आत्मप्रशंसा का ही एक रूप है। बार-बार ये

कहना कि मैं बहुत छोटा हूँ, मुझे लिखना नहीं आता, ये अन्ततः आपके अन्दर से, कहाँ से निकलता है...कि लोग आपको नहीं मानते हैं, लेकिन आप ये बताना चाहते हैं...'

विनम्रता की आड़ में अपने आप को श्रेष्ठ मनवाने के इस प्रच्छन्न आग्रह को बड़ी सूक्ष्मता से विश्लेषित किया है उनकी परिग्रही दृष्टि ने। विश्लेषण में आगे वे आत्ममन्थन की उस प्रक्रिया के हिमायती हैं जो व्यक्ति द्वारा उसकी कमज़ोरियों से मुक्त होने की कोशिश के साथ-साथ, उन्हें उजागर करने की भी समदर्शिता लाये। क्योंकि उनके अनुसार–

'कमज़ोरियों से कटकर कोई व्यक्ति कभी महान नहीं होता।'

सतत भ्रमण और यायावरी ने ही सम्भवतः उनके विचारों को इतनी समृद्धि और जीवन-दृष्टि को एक विरल क़िस्म की पारदर्शिता सौंपी थी।

एक शरद यात्रा...

शरद जी के फ़्लैट के दरवाज़े पर खड़ी हूँ, जहाँ उनके रहते कभी नहीं आ पायी थी। शशि मिश्रा साथ है। भाभी (इरफ़ाना जी) संयत मुस्कान के साथ अन्दर ले जाती हैं। यह संयत मुस्कान उनके जीवन और प्रकृति की अर्जित समरसता की प्रतीक-सी लगती है।

फ़र्श पर बिछे गद्दे पर हम दोनों बैठे हैं। सामने इरफ़ाना जी। एकबारगी वह कमरा बहुत सूना, बहुत बड़ा-सा लगने लगा है–एक अवसाद-भरा सन्नाटा पसरा है कि दृष्टि अचानक सामने दीवार पर शरद जी के बड़े-से रंगीन चित्र की ओर उठ गयी है।

मैं बहुत सँभालकर अतीत का पहला झरोखा खोलती हूँ यह समय नहीं है, उस अतीत को कुरेदने का, पर शुरुआत तो करनी ही है–उस शुरुआती दौर की, कि आख़िर वह क्या था जो उन दोनों को पहले पास-पास लाया फिर हमेशा के लिए एक साथ कर गया। इरफ़ाना जी ने जैसे मेरे प्रश्न का उत्तर तलाशने के लिए ही उन झरोखों में झाँका हो और पाया कि, 'ऐसा कुछ तो, न उनमें था न मुझमें, बस शायद सोचने का ढंग, बातचीत करने का तरीक़ा, मिलती-जुलती मानसिकता यानी अचानक या आवेग-भरा जैसा कुछ भी नहीं। वे 'विशाल भारत' और 'नयी दुनिया वाले' युवा लेखन के उत्साह और स्फूर्ति से भरपूर दिन थे।'

'साहित्य, पत्रकारिता और परफ़ॉर्मिंग आर्ट से जुड़े ढेर सारे लोग। व्यावसायिकता के प्रदूषण से बहुत दूर। उन दिनों औपचारिक गोष्ठियाँ तो ज़्यादा नहीं होती थीं, पर सबका साथ-साथ मिलना-जुलना बराबर ही हुआ करता था। मिलते-बैठते अचानक नहीं, धीरे-धीरे लगने लगता था कि हम शायद पूरे जीवन के लिए अच्छे साथी बन सकते हैं।'

'बस निश्चय कर लिया तो हो लिये। यह एक ज़बरदस्त विशेषता थी उनमें। बहुत ज़्यादा उधेड़बुन नहीं पालते थे। निर्णय ले लेते थे और निश्चिन्त हो लेते थे, फिर भी कुछ डर, आशंका, भविष्य के लिए संशय, ऊहापोह?, 'नहीं, ऐसा कुछ

विशेष नहीं व्यापा था हममें, थोड़ी-बहुत उलझने तो होती ही हैं मनुष्य मात्र में। पर जैसा कहा, शरद जी बड़े विचित्र क़िस्म के दृढ़निश्चयी व्यक्ति थे। एक बार निश्चित कर लिया कि साथ रहना है तो साथ हो लिये। निश्चत कर लिया कि सरकारी नौकरी छोड़नी है, क्योंकि नौकरी के साथ अपने ढंग का लिखना नहीं हो पायेगा तो नौकरी छोड़ दी...।

सहसा विश्वास कर लेने को जी नहीं चाहता। इतना आसान है क्या पत्नी-बच्चों के परिवार के साथ लगी लगायी नौकरी छोड़ देना? कितने द्वन्द्व, कितने मानसिक अन्धड़ों से गुज़रना पड़ता है–कितनी रातें बेचैनी में जागते, करवटें बदलते काटनी पड़ती हैं। 'नहीं, इतनी सारी बेचैनियाँ नहीं। सोचा ज़रूर था दोनों ने मिलकर कई-कई बार। हर पहलू को उलट-पलटकर, लेकिन निष्कर्ष वही निकलता। इस टेव के साथ नौकरी नहीं चल पायेगी...और एक़दम धुर निश्चय करने से पहले जो थोड़ी-बहुत उखड़ा-पखड़ी मची, तो सीधे पहुँच गये पत्नी के स्कूल में। पढ़ा रही थीं। बाहर बुलवाया सिर्फ़ यह कहने के लिए कि अब चलता बिल्कुल नहीं दीखता। "रेजिग्नेशन दे दूं?" और उतना ही 'कूल' उत्तर मिला–"दे दो"–बहुत दुर्लभ आश्वस्ति रही होगी इन दो अक्षरों में। तब भी एक बार यह संशय ज़रूर व्यापा था–'घर का ख़र्च कैसे चलेगा!'

पर उस पत्नी के पास इसका बेहद आसान समाधान था। 'वैसे ही जैसे घर का चलता है। आम मध्यवर्गीय परिवारों में एक व्यक्ति ही तो घर चलाता है और मैं तो सर्विस कर रही हूँ। फिर आप भी ख़ाली बैठने वालों में नहीं, (शुरुआती दिनों से एक आर्टिकल रोज़ पूरा करने की दृढ़ इच्छाशक्ति) सबसे बढ़कर अपने लोगों के ख़र्च भी क्या। ख़र्च तो बढ़ाने से बढ़ते हैं, घटाने से घटते हैं। तो ख़र्च का भी उतना ज़्यादा हौवा नहीं था। उससे कहीं ज़्यादा 'चार्म' लेखन का था। बहुत ज़्यादा ऐशोआराम का सपना हम दोनों में से किसी ने नहीं देखा था। परफ़ॉर्मिंग आर्ट्सवालों को तो वैसे ही शान-शौकतवाली ज़िन्दगी नसीब नहीं होती और नसीब हो भी जाती है तो रास नहीं आती, सपना सिर्फ़ एक...अपने ढंग से लिखना है और जीवन भर लेखक ही बने रहना है। लेखक बनकर ही जीना है।'

'बात तो अभी यह हो रही थी कि साथ तो हो लिये, अब? कैसा रहा दो दीवानगी-सी सोचवाले व्यक्तियों का जीवन-अभियान? जीवन क्या कभी एक देखे हुए सपने-सा बीत सकता है? भरी-पूरी गृहस्थी का पटेला अपने कन्धों पर लादकर जीवन भर लिखते रहने, लेखक बने रहने के निश्चय मात्र से क्या सचमुच एक सतत, गतिशील लेखन धारा प्रवाहित की जा सकती है?'

यह भी सच है कि साथ हो लेने के निश्चय भर से ही काम नहीं चलता। भारी-भरकम पहाड़ आगे टूटते हैं रास्तों पर। इस रास्ते पर भी टूटे। लेकिन शायद अपना रास्ता तय कर पाने का आत्मविश्वास और न डिग पाने का जीवट ही था जो चट्टानों को भुरभुराता चला गया।

यह सुख आज बहुत दुर्लभ हो गया है। सारे मान-सम्मानों और प्रतिष्ठा के बावजूद अपने ढंग से जी पाने का सुख बड़े-बड़ों को कहाँ मयस्सर हो पाता है पर इन्हें हो पाया...मनचाही जीवनसंगिनी का साथ और लेखन का सपना। जीवन की दो बहुत ज़रूरी शर्तें। लेकिन दोनों को ही लेकर कोई अतिरेकी भ्रम जैसी बात नहीं थी। लेखन भी एक सपने से ज़्यादा उनके लिए एक जुनून-सा था। दृढ़निश्चय और भरपूर आत्मबल के साथ जुट गये इस जुनूनी अभियान में। दृष्टि साफ़, ख़ाका स्पष्ट, 'इस तरह का लिखना है और इस तरह से लिखना है। व्यक्तियों, चरित्रों, स्थितियों के बीच से व्यापक जीवन अनुभव समेटने हैं।'...समाज और राजनीति का कोना-कोना छानना है और उधेड़कर रख देना है। न...किसी ज़बरदस्त आवेग या उत्तेजना की लपेट में नहीं, बस यों ही हलके-हलके मुस्कराते हुए, भरपूर सहजता के साथ। यों ही उन्हीं रोज़मर्रा के इस्तेमाल में आने वाले शब्दों से एक अद्भुत चमत्कार की सृष्टि।

इस अभियान की एक और विशेषता थी—एक चुनौती भी। जिस तरह गूढ़ और क्लिष्ट को ही श्रेष्ठ का पर्याय नहीं बनने देना है, उसी तरह लोकप्रियता को सस्तेपन की सलीब से उतारकर स्तरीय प्रतिष्ठा और ख्याति के साथ जोड़ना है।

उस औसत क़द के छोटे-से मस्तिष्क में क्रियाओं, प्रतिक्रियाओं और विचारों का एक सतत अनवरत रेला-सा चला करता था। क़ाफ़िला बाँधकर भी नहीं, एक़दम आँधी-तूफ़ान की तरह उनका लेखन इन्हीं आँधी-तूफ़ानों, रेलों-सैलाबों को थामता और बाँधता था। सन्तुलित संयमित करता था। इस सारी प्रक्रिया में क़लम एकाग्रचित्त चलती रहती थी। घर-परिवार, भीड़-भड़ाके के बीच भी। हाँ, भीड़ उनकी अपनी चाही हुई हो। घर में पत्नी, बच्चियाँ और बाद में बच्चियों के बच्चे। क़लम चलती होती थी बिना किसी व्यसन, किसी लत के। व्यसन सिर्फ़ एक—लिखने का और यह नशा इतना ज़बरदस्त कि बेटियों के विवाह की सुबह भी एक लेख पूरा करवा ही गया। बहुत शुरुआती दिनों से वही त्वरा, वही हठ की सीमा तक उत्साही मुद्रा, '...सुबह एक बार बैठते तो लेख पूरा करके ही उठते। कुछ ज़्यादा काटा-काटी, खाँचा-खूँची भी नहीं। सधी क़लम, साफ़-साफ़ स्पष्ट चलती और शाम को लेख टाइप के लिए दे दिया जाता।' इरफ़ाना जी सिर्फ़ बता नहीं रही थीं, शब्द-शब्द

अतीत को जी रही थीं–जो अभी तक उनका वर्तमान था–जाने कैसे हथेलियों से छूटा और अतीत हो गया।

अपराह्न में खाने के बाद थोड़ा सुस्ताना और शाम पाँच बजते न बजते निकल देना। भोपाली दिनों की वे रौनक-भरी शामें, पूरी शाम, रातों तक दोस्तों और हर तरह, हर तबके के लोगों से मिलना-मिलाना और रात ग्यारह-बारह तक घर लौटना (बरसों तक यही। कभी-कभार तो एक-दो भी बज जाते पर बहुत कम)।

यहाँ मेरे समीक्षक से भी ज़्यादा मेरे अन्दर की पत्नी हुमककर बैठ जाती है...'तो आधी-आधी रात तक घर पहुँचने की लत यहाँ भी? इस लत के साथ तो बस लेखन ही सधता दिखता है, पत्नी, बच्चे, गृहस्थी का निर्वाह तो पूरी तरह असम्भव–लेकिन यहाँ सब यह सम्भव हो गया। न अस्मिता की बात हुई, न अन्याय या ज़्यादती की, न पत्नी के अधिकारों की। शरद जोशी व्यंग्य रचते। इरफ़ाना शरद जोशी को...'

घर-बाहर के छोटे-बड़े सारे काम निपटाकर थकी हुई इरफाना रात में थोड़े इन्तज़ार के बाद बच्चियों को खिलाकर ख़ुद भी खा लेतीं और शरद जी की थाली परसकर रख देतीं। रात-आधी रात वे कभी भी लौट सकते थे, और अकेले नहीं किसी भी बन्धु-बाधव के साथ, अपने लिए परसकर रखी हुई थाली की हिस्सेदारी में उनका साथ देने के लिए। इसी उम्मीद के साथ थाली परसकर रखी भी जाती और इसी विश्वास के साथ, गयी रातों घर लौटा भी जाता...जब आपसी समझ की साझेदारी इतनी गहराई तक पैठी हो तो कड़ुआहट आख़िर उपजी कहाँ से? फिर भी कहना आसान है, जी ले जाना नहीं। लेकिन यहाँ कहा नहीं गया, जीकर, प्रमाणित कर दिखाया गया। बातों के बीच न जाने कितनी बार ऐसा हुआ कि किसी भी प्रसंग के साथ ख़ुद की भूमिका जोड़ते ही इरफ़ाना जी अनायास ही कह गयीं, 'यह सब लिखने की ज़रूरत नहीं।'

आर्थिक दृष्टि से एक औसत मध्यवर्गीय परिवार होते हुए भी, मध्यवर्गीय कुण्ठाएँ, इस घर की देहरी पर आते हिचकती थीं। सबसे पहले तो यही कि हठवादिता की हद तक स्वाभिमानी पति को, नौकरी से इस्तीफ़ा देते हुए इस बात की परेशानी या कुण्ठा क़तई नहीं व्यापी कि आगे-पीछे भाई लोग उसे नौकरी-पेशा पत्नी के आश्रित ज़िन्दगी गुज़ारने वाला पति न क़रार दें। इससे उसके मानापमान को किसी आसन्न संकट का ख़तरा नहीं था। सामाजिक बाह्याक्षेपों और झूठे-सच्चे आरोपों से पूरी तरह निर्द्वन्द्व, कहीं उन्होंने पूरी स्वतन्त्रता ली हुई थी और कहीं पत्नी को भी दी हुई थी। तभी तो इस तरह की परिपक्व साझेदारी निभती चली गयी।

पत्नी भी, कभी तीन-तीन बच्चियों को छोड़कर चली जातीं तो बड़े यत्न से, मन से घण्टों-घण्टों तक उनकी देखभाल सँभाल कर लेते। किसी तरह की खीझ, झल्लाहट या ग़ुस्से का नामोनिशान न होता। शर्त बस एक, कुछ पकाकर खिलाने वाला काम न सौपा जाये क्योंकि ऋचा बताती है कि जीवन में एक बार पप्पा ने अण्डे उबालने को रखे थे और हफ़्ते भर तक घर से जले अण्डों की बू आती रही थी।

घुटन, आक्रोश, विद्रोह, तेवर और हठ सब कुछ था पर अपनी स्वार्थ-सिद्धि की सतह से बहुत ऊपर यह तेवर रचनात्मकता के साँचे में ढलकर अद्भुत चमत्कार की सृष्टि करने वाला था। जीवन के स्तर पर जब ग़ुस्सा भभकता था (और भभकता जरूर था, कभी-कभी पूरी तरह उखड़कर भी) तो जाने क्या होता कि बच्चियाँ ख़ुद ही पप्पा का वह रूप देख रोकते न रोकते खिलखिला पड़तीं और पत्नी इस तरह मुस्करा देती जैसे माँ किसी बच्चे के ग़ुस्से पर। बेचारा ग़ुस्सेवर अपनी भभक का यह हश्र होते देख चुप लगा जाता...और थोड़ी ही देर बाद वापस चुपचाप उन खिलखिलाहटों में शामिल। जीवन-शैली और रचना-शैली में ऐसा अनूठा सामंजस्य विरला ही होता है...कहीं देखने को मिलता भी है तो एडजस्टमेंट की भारी-भरकम शिलाओं के नीचे दबा, कमरतोड़ मेहनत मुशक़्क़त से सँभाला हुआ-सा। इतने पर भी एक शंका, एक पहरेदारी-सी व्यक्ति को हर समय व्यापती रहती है, कि यह सब सँभाला हुआ, किसी लम्हे (ज़रा-सी असावधानीवश) टूटकर बिखर न जाये। पर यहाँ तो सब कुछ सहज और परिपक्व था। पूरी तरह खुला और एक-दूसरे में घुला-मिला। मेहनत यहाँ भी थी लेकिन सिर पर, मन पर बोझ बनने वाली नहीं बल्कि एक दूसरे के बोझ पर हाथ लगा देने वाली।

इस घर में सीधे-सीधे मोह-माया, दु:ख-दर्द और सहानुभूति का प्रदर्शन वर्जित था। अन्दर-अन्दर चुपचाप एक-दूसरे को हिम्मत और ढाढ़स बँधाया जाता था। यहाँ जीवन, नदी की सीधी धारा नहीं, पठारों, घाटियों के बीच से हँसता-खिलखिलाता, फूटता, मीठे पानी का सोता था।

ठहाकों का यह सदाबहार मौसम हमेशा यहाँ बरक़रार रहता। सिर्फ़ मात्रा कभी कम होती कभी ज़्यादा, कभी पास होते कभी दूर, समय बीतता जगह बदली–कितने दिनों, नहीं बरसों। शरद जी मुम्बई, होटल के एक कमरे में और इरफ़ाना जी बच्चियों के साथ भोपाल में...पर नहीं, उन दिनों की यादों में भी उनकी आँखों में एक भूरे-पूरे जीवन की तृप्ति-भरी चमक है–पछतावों के लिए यहाँ कोई जगह नहीं–आँखों में उतरा अतीत कहता है–हमें ऐसा कुछ लगता ही नहीं था। इम दोनों अपने मनचाहे काम कर रहे थे। जोशी जी निरन्तर लिख रहे थे। उनकी सबसे बड़ी ज़रूरत यही

थी और मैं घर, बच्चों के साथ नौकरी...बचे हुए समय में अपने पुराने नाटकों का शौक़, जैसी ज़िन्दगी हमने चाही थी, जी रहे थे–जो करना था, कर रहे थे, वह सब न मिलता तब शायद अफ़सोस होता...

और इस सबके साथ एक बहुत ज़रूरी चीज़ जुड़ी थी, एक-दूसरे के साथ होने को, बने रहने का भरपूर अहसास। लेकिन फिर भी रचनात्मक धुरी पर केन्द्रित हर व्यक्ति अपना एक अलग सन्तोष और सुख चाहता है, अपनी एक पहचान भी (चाहे वह पत्नी ही क्यों न हो)।

अपनी बात भाभी बेहद हिचक और संकोच के साथ कहती हैं–'अपनी अलग की उपलब्धि को लेकर कभी इस तरह सोचा ही नहीं–जोशी जी लिख रहे थे और उन्हें जो मिल रहा था, उससे हम सभी बेहद सन्तुष्ट, ख़ुश थे, हम उस सबको अपने से अलग कर नहीं देखते थे।' फिर से वही अन्तर्मन में पूरी गहराई तक पैठी हुई एक परिपक्व समझदारी और एक-दूसरे को सौंपा पूरा विश्वास ज़िन्दगी की रंग, रेखाएँ और ख़ाके सब अपने साहित्य में भी लोकप्रियता और स्तरीयता की खाई को पाटता व्यंग्य-लेखन। इन दशकों के शायद वे अकेले लेखक हैं जो साहित्य को जनसामान्य तक ले आये और आमजन को साहित्य तक उठाया, जब कि हर युग में साहित्य हमेशा एक ख़ास इलीट वर्ग के ही हिस्से आता रहा है।

लेकिन हम तो व्यक्ति शरद जोशी की शोध पर हैं–दुर्बलताएँ मनुष्य मात्र में होती हैं। ख़ामियाँ भी। उनमें भी थीं, रही होंगी। सब कुछ खुली किताब-सा ही। लेकिन आख़िर क्या था उस जगमगाती हँसी में जो भीड़ के बीचोबीच भी अपना एक़दम अलग परिचय कार्ड थमा देती...शायद भीतर-बाहर की पूर्ण अकृत्रिमता, आत्मीयता तक के दिखावे को बरकाती आडम्बरहीनता। विशिष्टता का खोल और महानता का उत्तरीय उनसे जीवन भर नहीं ओढ़ा गया। औपचारिक नक़ली विनम्रता से खाँटी दुश्मनी। जिस सारे कुछ को उधेड़ने के लिए उनकी क़लम खार खाये बैठी हो, उसमें अपना शुमार उन्हें बर्दाश्त के बाहर था। शायद इसलिए कि विशिष्ट होने के अर्थ अब बदल चुके हैं। यह शब्द उन्हें गाली-सा लगता। कभी इसे अपने ऊपर हावी न होने दिया। हाँ, जब कभी व्यक्तिगत आक्षेपों के संकेत कुछेक उनकी रचनाओं में दिखे और छोटी होने पर भी मन उनका ध्यान इस ओर दिलाया, उन्होंने सहज विनम्रता से स्वीकारा। शायद नीयत पहचानते थे व्यक्ति की। नीयत साफ़, ईमानदार लगती तो किसी के भी साथ न कोई दुराव, न छिपाव। बेझिझक उसे अपने तक ले आते और एक आत्मीय संवाद की स्थिति बन जाती।

बातें होतीं तो बीच-बीच में पत्नी की बीमारी, बेटियों की शादी और नाती की ख़ुराफ़ातों का ज़िक्र ज़रूर आता। 'लेखन' ने कभी क्षणमात्र को भी अपने अन्तरंगों का छोर उनके हाथ से छूटने नहीं दिया। इन अन्तरंगों में अभिन्न मित्रों से लेकर वे सब शामिल थे जिन्हें वे पसन्द करते थे। मूडी ऐसे कि, ऋचा बताती है, एक बार पप्पा और बानी फ्रिज लेने गये। दो घण्टे बाद टैक्सी में ढेर सारी किताबें भरे लौटे। इतनी सारी किताबें देखते ही घर में ख़ुशी की लहर दौड़ गयी। सब जुट आये और अपनी-अपनी पसन्द की किताबें छाँटने लगे। काफ़ी देर बाद अचानक किसी को याद आया, "अरे आप तो फ्रिज लेने गये थे न!"

'पप्पा हमें प्लेन से बुलाते, भेजते। साथ की लड़कियाँ हमें काफ़ी पैसेवाले घर की समझतीं। पर एक फ्रेंड जब मेरे घर आयी तो उसे विश्वास ही न हो कि हमारे घर में न फ्रिज है, न म्यूज़िक सिस्टम, न सोफ़ा सेट...'

इरफ़ाना जी अपनी उसी विशिष्ट, संयत हँसी के साथ जुड़ जाती हैं–'सोफ़ा तो एक बार ख़रीदा भी गया था...वह भी अपने दोस्तों के लिए–कि मेरे दोस्त आयेंगे तो बैठेंगे, सोचेंगे...' इरफ़ाना जी की संजीदी मुस्कान में एक ख़ुराफ़ाती अतीत झाँक गया है—'लेकिन बाद में कभी सोफा यहाँ अड़ रहा है, कभी उस काम में बाधा पड़ रही है। सबके अपने-अपने हिसाब से यहाँ वे वहाँ हटाये जाने की प्रक्रिया चलती रही। यहाँ तक कि धूप-बारिश झेलता वह कुछ दिनों बालकनी में भी पड़ा रहा। अन्त में मैंने ही कहा कि इस सोफ़े की वजह से घर में काफ़ी परेशानियाँ और प्रॉब्लम्स खड़ी हो रही हैं अब इसे निकाल बाहर ही किया जाये।'

इस बे-सोफ़ेवाले घर के सारे रंग-ढंग विचित्र थे। इसमें रहने वालों की दिनचर्या सारी ज़िम्मेदारियों के बीच हँसी-ठहाकों, चुहल और शरारतों से भरपूर थी। यहाँ किसी को उफ़ कहने की इजाज़त और आदत नहीं थी।

इस घर की किसी खिड़की से ज़्यादा की अफ़सोस शाखा घुसपैठ नहीं कर सकती थी। दर्द (अपना) चुपचाप अन्दर पी लेने की चीज़ है, हँसी बिखेर देने की। बड़ी-बड़ी बाधाएँ, चुनौतियाँ उसी बेलौस अन्दाज़ में झेल ले जाया करते, पर रोज़मर्रा की बेहद मामूली बातें अचानक बेहद दुश्वार नज़र आने लगतीं उन्हें...चैन तभी पड़ता जब पत्नी, बच्चे उसे चुटकी बजाते सुलझा देते।

कहीं खुले हैं उन्मुक्त ठहाकों के साथ तो कहीं बन्द भी पूरी तरह। किसी को अन्दर आने की इजाज़त नहीं। मूड की बहक ऐसी कि कब का पूरा किया उपन्यास 'मैं और केवल मैं' लिखने के बाद रखे ही रहे। अभी नहीं छपवाना है जब कि कोई

भी सम्पादक/प्रकाशक हाथों-हाथ लेता और छापता। वह जानने की कोशिश की गयी लेकिन, फायदा नहीं। ना तो ना।

'बाद में एक बार बोले, मुझे लगता है, नाटक भी मेरी विधा हो सकती है...' तो पूरे आत्मविश्वास और प्रेम से दो सफल नाटक लिख डाले...आर्थिक दायित्वों की अपनी अपेक्षाएँ थीं, स्वयं परिवार को ज़्यादा से ज़्यादा पाने की छटपटाहट भी—पर मात्र उन अपेक्षाओं की पूर्ति के लिए वे सीरियलों और फ़िल्मों से नहीं जुड़े, न उन्होंने इस क्षेत्र की व्यावसायिकता के साथ कोई समझौता ही किया। उल्टे इसे एक स्तर, एक अन्दाज़े-बयाँ और प्रतिष्ठा सौंपी। उनके लिखे धारावाहिकों, फ़िल्मों के दर्शक वग़ैर जाने भी समझ जाते थे, ये शरद जोशी के संवाद हैं। क़लम तो क़लम उसके भी उसूल, उसकी भी आत्मा। इस आत्मा पर ईमान लाना है। अड़ियलपन और तुनकमिज़ाजी भरपूर थी पर कोई बताये कि शरद जोशी नाम का व्यक्ति यहाँ टूटा था, यहाँ झुका था, यहाँ बिका था या यहाँ डिगा ही था। बहुत मुश्किल है, इस तरह शान से सिर ऊँचा किये जी ले जाना—तीन बेटियों के भरे-पूरे परिवार के साथ...'मन फिर से उचटा रहता था—टोह में लगा था, एक नयी विधा की तलाश में...गिरते स्वास्थ्य के बावजूद, कुछ बेहतर, ठोस और ज़्यादा वजनदार लिखने का मन...योजना बन रही थी—पर सब कुछ तो नहीं हो पाता, उपलब्ध हो भी नहीं सकता जीवन में। उसका मलाल भी नहीं...जो मिला, जितना मिला उससे पूर्ण तृप्ति है इस परिवार को। क्योंकि, 'पापा के साथ बिताये समय की तो इतनी ढेर-ढेर सारी बातें हैं कि कभी ख़त्म होने को ही नहीं आतीं—और सच-सच कहें तो हमें तो अक्सर याद भी नहीं रहता कि पप्पा अब...'

ऋचा का वाक्य टूट जाता है...और अचानक झलक आयी उदासी को समेटकर, शरद जी की हँसी, रोशनी की किरणें बिखेरने लग जाती है...

श्रीलाल शुक्ल : व्यंग्य के शिखर पुरुष

अपने पहले उपन्यास 'सूनी घाटी का सूरज' से लेकर 'राग दरबारी', 'विश्रामपुर का संत' और अन्तिम कृति 'राग विराग' तक श्रीलाल शुक्ल की सृजन-यात्रा हमें यथार्थतः विस्मित, विमुग्ध और चमत्कृत करती है। आश्चर्य होता है कि ध्रुवान्त भिन्न परिवेशों से जुड़ी कथाओं को उतने ही भिन्न शिल्प प्रयोगों के साथ, कैसे साध ले गया है यह रचनाकार, वह भी अपने नितान्त सहज फक्कड़ी अन्दाज़ में। न कहीं महान रचनाकारों वाली विदग्ध भंगिमाएँ न उद्घोषी स्थापनाओं का ग़ुरूर। उन्हें पढ़ते हुए ऐसा लगता है, जैसे 'पानी बढ़े नाव में, घर में बढ़े दाम, दोनों हाथ उलीचिए यही सयानों काम'–की तर्ज़ पर अपनी उत्कट प्रतिभा की रचनात्मक सम्पदा को खुले हाथों उलीचते चलना ही उनकी प्रकृति और नियति थी।

और यह प्रकृति मूलतः व्यंग्य की थी। यद्यपि अपने कई साक्षात्कारों एवं बातचीत के बीच श्रीलाल शुक्ल स्वयं को व्यंग्यकार माने जाने के तर्क को या तो अस्वीकारते रहे अथवा इसके प्रति उदासीन बने रहे। स्वयं अपने व्यंग्यकार के प्रति उनकी यह उपेक्षा न सही, आंशिक असहमति, हमें चकित करती है। क्योंकि उनकी प्रकृति हिन्दी व्यंग्य लेखन की चली आती परम्परा के बीच सर्वथा अलग और अनन्य दिखाई पड़ती है। वह जितनी गूढ़, गहरी और परतदार है, उतनी ही अकृत्रिम और सहज भी। उनकी व्यंग्यानुभूति और अभिव्यंजना का शिल्प, दोनों ही किसी परम्परा की देन न होकर, एक नितान्त नयी परम्परा की शुरुआत थी जो उन्हीं के साथ समाप्त भी हो गयी। हरिशंकर परसाई से शरद जोशी तक उनके समकालीनों के कथ्य, शिल्प स्पष्टतः लक्ष्य किये जा सकते हैं, लेकिन श्रीलाल शुक्ल की गहन संवेदना और अभिव्यंजना की ओजस्विनी को सँभाल पाना एक कड़ी चुनौती को स्वीकारने जैसा था, जिसे अब तक अपने लक्ष्य बेध की प्रतीक्षा है।

यह सच है कि श्रीलाल शुक्ल का लेखन अत्यन्त गम्भीर तथा परिपक्व व्यंग्य शिल्प का मानक रचता है तथा प्रत्यक्षतः व्यंग्य का लोकप्रिय मुहावरा (बल्कि

सर्वमान्य) उनके बहुपठित और बहुचर्चित उपन्यास 'राग दरबारी' तथा 'विश्रामपुर का संत' में प्रयुक्त हुआ है। लेकिन यह भी सच है कि उनकी पहली कृति से अन्तिम कृति तक गूढ़ गहन संवेदना के बीच भी, विद्रूप की तीक्ष्ण एवं प्रखर धार आसानी से महसूस की जा सकती है। जैसे उनके लिए अपनी व्यंग्यानुभूति के आवेग को किसी दूसरी ओर मोड़ पाना सम्भव नहीं था। प्रारम्भिक कृति 'सूनी घाटी का सूरज' की निम्न पंक्तियाँ दृष्टव्य हैं–

"तुम्हें शायद पैंतीस रुपये महीना मिलेगा। तुम कुटी में रहोगे। अपने हाथ से भोजन बनाओगे या कन्द मूल खाकर पेट भरोगे और उपनिषदों से सन्तोष की महिमा पर नये-नये उद्धरण याद करोगे..."

अथवा–"तुम देख नहीं रहे हो, यहाँ आकर ख्याति और उन्नति की सब आकांक्षाओं का गला घोंटकर अपने को जीवन्मृत बनाने के लिए तुम्हीं क्यों चुने गये हो..."

आदमी की लाचारी के लिए प्रयुक्त अवसादी कटाक्ष, बर्फ़ीले चाकू से किये वार की तरह लगता है। कटाक्ष का ऐसा सात्विक प्रयोग वही रचनाकार कर सकता है जिसकी संवेदना का पोर-पोर मानवीय पीड़ा से सिंझा हो। व्यंग्य जिसके शब्दों में नहीं, भावों, अनुभवों में बसता हो, जिसकी प्रकृति का अभिन्य हिस्सा हो और अनायास, छन-छनकर निस्तृत होता हो–

"आदमी से मैं नहीं डरता मालिक न बाघ-बधर्रा से, डर मुझे काग़ज़ से लगता है। काग़ज़ ने मेरी ज़मीन कैसे ले ली, नहीं जानता।"

मानवीय पीड़ा के ऐसे निरीह आख्यान श्रीलाल शुक्ल की व्यंग्यशैली में अनायास भाव से समाहित हैं। उनकी संवदेना विद्रूप से संजीवनी ग्रहण करती है। कथा जिस भी वर्ग, वर्ण की हो, परिवेश और परिदृश्य के नेपथ्य को हलकोरते व्यंग्य की अनिवार्य घुसपैठ उसमें होगी ही। जिस सहजता और इत्मीनान से यह रचनाकार 'पहला पड़ाव' 'शंकर-गढ़' और 'राग दरबारी' के शिवपाल गंज में विचरता है, उतने ही निर्द्वन्द्व भाव से 'अज्ञातवास' के उच्च मध्यवर्गीय जीवन के तौर-तरीक़े तथा 'विश्रामपुर का संत' की अहंकारी गुर्राहटों से भरे आदमक़द शयनागारों में भी। सत्ता के छोटो-बड़े मचानों से लेकर तहख़ानों तक में चल रही कूटनीतिक चौपड़ों के खेल उजागर हैं उनके लेखन में। 'राजनीति के पिटे मोहरों पर बिछी बिसाते हों या छद्म के अज्ञातवासों में पल रही मनोवृत्तियों का गुत्थमगुथा, यह लेखक बेख़ौफ़ डाइव मार लेता है। पहले सतह पर सारे स्ट्रोक आज़माता है, फिर विद्रूप की गहराइयों को थाहते हुए हमें बीच भँवर की तलहटी

तक खींच ले जाता है। आदमी के अन्दर की इस तिलिस्मी दुनिया को देखकर हम विस्मत रह जाते हैं जहाँ प्रेम, शातिरी, सम्मोहन और अन्तर्द्वन्द्वों एक अन्तहीन का मायाजाल बिछा है।' (स्वयं के वक्तव्य से)

'राग दरबारी ही नहीं 'अज्ञातवास', से 'मकान' और 'राग विराग' में भी जो मंच हमारे सामने खुलता है, उसके डाइमेंशंस हमें हतप्रभ कर देते हैं। छोटे क़स्बे से लेकर उच्च स्तरीय मेडिकल कॉलेज हों या तथाकथित सरकारी संस्थान–देखते-देखते उनकी गागर में समूचे देश के भ्रष्टाचार और शातिर चालों का सागर समाता चला जाता है। यह भी कि बात किसी भी क्षेत्र की हो, वल्गा व्यंग्य के ही हाथों में होती है और लहजा कहीं भी लाउड नहीं होने पाता।

सब कुछ कह देने के बावजूद एक मासूम क़िस्म का मामूलीपन उनके व्यंग्य शिल्प का अनिवार्य अंग है।

"नहीं, मुंशी जी ! उनको भी वारदात होने पर मुजरिम ढूँढ़ने पड़ते हैं। हमलोग तो मुंशी जी के घर की बकरी हैं। जब चाहा, गरदन पर छुरा चला दिया, नहीं तो घर के सामने चरने दिया।"

जितना जीवन हम प्रत्यक्ष नंगी आँखों से देख पाते हैं, उससे कहीं ज़्यादा प्रमाणिक यह लेखक अपने आख्यानों में है। किसी राग की शुद्धता की तरह, श्रीलाल ने अपने आख्यानों की प्रामाणिकता बहुत सँभाल कर रखी है। उन्हें पता है, ज़रा भी असावधानी या घालमेल, रचना की पैडिग्री नष्ट कर सकती है। परुष राग का अर्थ विकृत राग नहीं हुआ करता, न विद्रूप को विकृत करने का हक़ किसी लेखक को होता है। (सम्मान समारोह में दिया गया वक्तव्य)

जहाँ तक 'राग दरबारी' का प्रश्न है, यह निश्चित रूप से श्रीलाल शुक्ल की व्यंग्य प्रकृति और प्रतिभा का रचनात्मक विस्फोट है। शिक्षा, राजनीति, पब्लिक सेक्टर से लेकर न्याय पालिका तक, प्रशासन और व्यवस्था के सारे कल-पुर्ज़े यहाँ बेरहमी से खुले पड़े हैं जिन्हें जोड़ पाने की कल्पना हमें आपको सहमा देती है। शिवपालगंज चारित्रिक पतन की पराकाष्ठा पर पहुँचा हुआ सम्पूर्ण भारत दर्शन है। जो हमें, आपको गहरे अवसाद और बेबसी में डुबो-डुबोकर हँसाता और 'जबरा मारे रोने न दे' की कहावत को चरितार्थ करता है। सम्भवत: यही कारण है कि साहित्य अकादेमी में अपनी प्रिय पुस्तक पर दिये गये वक्तव्य में मैंने 'राग दरबारी' को व्यंग्य का 'राष्ट्रचरितमानस' कहा था।

रचनात्मक प्रतिभा के यही वे आयाम हैं जिनकी वजह से पिछले चार दशकों में लिखी अनेकानेक कृतियों के बीच, एक अकेला 'राग दरबारी' अपनी जगह

पर अडोल खड़ा है। पुनः वही बात कि सम्भवतः आसान नहीं था, 'राग दरबारी' की व्यंग्य परम्परा को चला पाना। गहरी दृष्टि और प्रतिभा की प्रभूत समृद्धि के बावजूद ऐसी कृति तभी रची जा पाती है जब व्यंग्य-वृत्ति रचनाकार की प्रकृति में पूरी तरह रची-बसी होती है। वस्तुतः व्यंग्य, परिश्रमपूर्वक अर्जित की जा सकने वाली रचना-वृत्ति है भी नहीं।

एक अन्य महत्त्वपूर्ण विशिष्टता यह कि अवसाद का अंडर करेंट, श्रीलाल शुक्ल के व्यंग्यभाव से कभी ओझल नहीं हो पाता है। आदमी के भीतर किसी कोने में रहने वाले मनुष्य के प्रति उनकी प्रतिबद्धता कहीं कम नहीं हुई है। उनका व्यंग्य पूरी तरह नृशंस होकर इस आदमी के चरित्र को उधेड़ता है। तार-तार कर देता है। लेकिन उसके भीतर निहित अपराधबोध को भी बिटवीन्स द लाइंस व्यक्त कर जाता है। भ्रष्टतन्त्र के साथ-साथ मनुष्य-प्रकृति भी अपनी सारी कमज़ोरियों और अधूरेपन के साथ उनकी कृतियों में उपस्थित है। मानव प्रकृति पर किया गया उनका व्यंग्य इसलिए भी बेमिसाल है क्योंकि उसमें, परोक्ष रूप से ही वे पछतावे और आत्मधिकृतियाँ भी निहित हैं जो मनुष्य को मनुष्य बनाये रखने की प्राथमिक शर्तें हैं। साहित्य के प्रति अपनी इस प्रतिबद्धता के कारण ही श्रीलाल शुक्ल कहीं नक़ली यथार्थ या खोखला आदर्शवाद नहीं उपस्थित कर पाये हैं, न उसकी तरफ़दारी कर पाये हैं। सिर्फ़ गहरे द्वन्द्व और अव्यक्त पाश्चात्तापों के माध्यम से मनुष्य की झलक दिखाकर यह रचनाकार एक तरफ़ हो जाता है।

–'भाषा शिल्प के सारे औज़ार इस लेखक के अपने गढ़े हुए हैं। पहले के इजाद किये हुए नहीं। इस्तेमाल का ढंग भी निराला है। क्योंकि उनके साँचे गढ़े ही नहीं जाते, बल्कि उपयोग के बाद निर्ममतापूर्वक नष्ट भी कर दिये जाते हैं। अपने बनाये साँचों की तोड़-फोड़ में इस लेखक को महारत हासिल है।' (श्रीलाल शुक्ल के सम्मान समारोह में दिये गये वक्तव्य से)

'पढ़ाई-लिखाई? अब पढ़ाई-लिखाई कहाँ होती है। वह तो पापा के पढ़ने-लिखने के बाद ख़त्म हो गयी। जब से वे तरक़्क़ी पा गये, तब से सारी तरक़्क़ियाँ भी ख़त्म हो गयीं।' शब्द शिल्प की यह बारीक हुनरमन्दी अपनी सादगी में बेमिसाल है। एक ठण्डे इत्मीनान के साथ एब्सर्डिटी का निर्वाह कर ले जाना श्रीलाल शुक्ल की क़लम का शगल रहा हो जैसे 'यह लेखक नहीं गाड़ियाँ लोहार है, उन्हीं सा भटकता, पड़ाव-दर-पड़ाव ठहरता, समाज के चप्पे-चप्पे पर नज़र रखता है। उनके अनुरूप औज़ार गढ़ता है। लोहा बेशक, आग पर तपाकर लाल करता है लेकिन पाठक को थमाता, उसे ठण्डा करने के बाद ही है।

व्यंग्य-लेखन की इतनी महती अपेक्षाओं की पूर्ति करने के बावजूद यदि श्रीलाल शुक्ल स्वयं को व्यंग्यकार मानने के प्रति उदासीन रहे तो इसके मूल में कहीं साहित्य की दुनिया में व्यंग्य-लेखन को दी जाने वाली दोयम दर्जे की नागरिकता तो नहीं?...या फिर स्वयं वे, कथा-लेखन को व्यंग्य से ज़्यादा महत्त्वपूर्ण विधा मानकर चलने वाले लेखक रहे हों। एक और कारण मुझे सोचने के लिए बाध्य करता है, वह यह कि सम्भवत: वे साहित्य में हो रहे तथाकथित व्यंग्य-लेखन के स्वरूप और स्तर से उतनी सन्तुष्ट न रहे हों और श्रेणी में स्वयं उनकी शिनाख़्त और गणना न कराये जाने का यह एक शिष्ट प्रयास हो। इसे मान भी लें तो भी स्वयं उनके लेखन में व्यंग्य की जिस गरिमा और प्रखरता को प्रतिष्ठित किया गया, उसे उसका स्थान दिलाने में वे क्यों हिचकिचाये? कुल मिलाकर व्यंग्यकार के रूप में उन्हें मिलने वाली प्रतिष्ठा उनकी दृष्टि में सम्भवत: उतनी महत्त्वपूर्ण नहीं थी। 'राग दरबारी' को वे मात्र एक महत्त्वपूर्ण उपन्यास के रूप में प्रतिष्ठा प्राप्त करते हुए देखना चाहते थे।

मुझे याद है, लगभग तीन वर्ष पूर्व मेरे द्वारा यूँ ही 'राग दरबारी' को मिली लोकप्रियता का राज पूछने पर उन्होंने बेहद मामूली ढंग से, 'पुस्तक का भाग्य है और क्या'...कहकर मुझे अचम्भित कर दिया था। निश्चित रूप से कहीं न कहीं 'राग दरबारी' द्वारा उनकी अन्य कृतियों के हिस्से की प्रतिष्ठा अर्जित कर लेने का मलाल भी उन्हें कहीं न कहीं था क्या!...

स्वर्गीय शंकर दयाल सिंह : यायावर की याद

उनका आना हमेशा ताज़े फूलों के गुलदस्ते-सा हुआ करता था। हँसी-ख़ुशी और ताज़गी से लबालब आते और रौनक बिखर जाती। खिलखिलाहटों का उत्सव जुड़जाता।

इस बार भी...अभी कुल चार दिनों पहले ही तो। (तब कहाँ जाना था कि यह आख़िरी आना और आख़िरी जाना भी है...) शाम की फ़्लाइट से लौटना था। होटल से एयरपोर्ट के रास्ते में, भागते-भागते, बेहद जल्दबाज़ी में भी मेरे घर आना नहीं भूले। (कैसा लगता है...काहे की जल्दबाज़ी थी उनको! जैसे जल्दी से जल्दी, इनसे, उनसे सबसे मिल लेना है, कोई छूटने न पाये...) हर बार से भी ऊर्जस्वित, ज़्यादा उत्फुल्ल जैसे ख़ुशी सँभाले न सँभालती हो...बाँटने से और बढ़ती हो। अनायास मैंने सोचा था, अजीब बात है, ज़्यादा काम करके, दौड़-भाग करके यह व्यक्ति और ज़्यादा स्फूर्तिवान हो उठता है।

"यह लीजिए अपने हिस्से के फूल।"–थमा दिया गुलदस्ता। यह डायरी, यह नयी आयी पुस्तक, यह पत्रिका, यह लेख...यह विशेष रूप से आपके लिए...जानती हूँ, ऐसा सिर्फ़ मेरे साथ नहीं, हर व्यक्ति, हर मिलने-जुलने वाले के साथ जोड़ ली जाती एक बेपनाह आत्मीयता, ऊष्मा-भरा, स्वस्थ मैत्रीभाव।

"नहीं, बैठूँगा नहीं इस बार। खाऊँगा, पिऊँगा भी नहीं...प्लेन छूट जायेगा और अभी रास्ते में भारती जी के पास अवश्य पहुँचना है।"

बाद में पुष्पा (भारती) जी ने बताया–आये तो कहने लगे–'जानते हैं? (उनका विशिष्ट लहजा) ये लोग कह रहे थे कि भारती जी से मिलने जायेंगे तो प्लेन छूट जायेगा–तो मैंने कहा कि अब भारती जी और प्लेन में से किसी एक को छोड़ने की बात हो तो मैं चाहे प्लेन भले छोड़ दूँ, भारती जी को नहीं छोड़ सकता। "–और वही रौनकदार ठहाका–चन्दन की माला पहनायी भारती जी को। एयर इंडिया का

बैग दिया कि दिल्ली जा रहे हैं न! पुरस्कार लेने, तो पुरस्कार की राशि रखने के लिए दे रहा हूँ...अगले दिन एक काव्य-गोष्ठी भी रख रहा हूँ, अपने आवास पर, आपको जरूर रहना है..."

और इसके कुल चार दिनों बाद सबको खुले दिल से बुला-बुलाकर इकट्ठा करने वाली आवाज़ अचानक ख़ामोश हो गयी। अखर इसलिए ज़्यादा रहा है कि वह सिर्फ़ एक राजनेता, एक साहित्यकार की आवाज़ नहीं थी, एक खुलेमन से आदर, प्यार और ख़ुशियाँ बाँटने वाली आवाज़ थी। एक अगाध अपनत्व और स्वस्थ मैत्री की संवाहक जीवन्त शख़्सियत थे वे।

भारती जी से तो फिर भी तीस वर्षों की मित्रता थी लेकिन इस बम्बई में ही और ऐसे ही हर शहर में ऐसे सैकड़ों लोग हैं जिनमें हर व्यक्ति उन्हें अपना हितैषी, मित्र और नज़दीकी समझता रहा है। वे थे भी। सभी के अन्तरंग। जिससे भी मिलते, उसे एक अपनापे का अहसास सौंपते। ख़ुशियाँ बाँटते और आगे बढ़ जाते। सबको यही हैरानी कि एक अकेला व्यक्ति इतनों के साथ एक-सी अन्तरंगता का निर्वाह कैसे कर सकता है? पर उन्होंने साबित कर दिखाया।

यह साबित करना आसान नहीं। घनघोर आपाधापी, आवाज़ाही और अति व्यस्त दिनचर्याओं के बीच। लेकिन वे इन्हीं के बीच से दो-दो, चार-चार मिनट निकाल लिया करते थे। बम्बई कब आना, जाना है उनको, अक्सर तो मुझे पता भी नहीं होता। होता कब, जब अचानक कभी भी फ़ोन की घण्टी घनघनाती। उठाकर मेरे 'हलो' कहने के साथ ही संवाद जारी–"आप क्या समझती हैं, आप बिना बताये, चुपचाप दिल्ली से लौट आयेंगी तो मुझे पता ही नहीं चलेगा?...मैंने सोचा था बम्बई पहुँचते ही अपनी नाराजगी..."

मैंने बात काटकर गुहार लगायी–"उन दिनों भी आप अपनी यायावरी पर थे और आपका फ़ोन उठाने वाला सेवक तो स्वामी से भी ज़्यादा व्यस्त नाम दर्ज करने तक का सब्र नहीं। इसीलिए तो वापस आते ही सिर्फ़ दो लाइनों का पत्र खँचाकर भेजा'–

"तभी तो नाराज़गी उतरी..." बात काटकर ठठाकर हँसते हुए बोले–"अच्छा सुनिए...शाम को आता हूँ...आप हैं न!...लाल साहब कब तक लौटेंगे ऑफ़िस से...नहीं, आप कहाँ परेशान होंगी...मैं सम्पर्क करता रहूँगा न!..."

लेकिन शाम नहीं आ पाये। समझ गये हम लोग। फँस गये होंगे कहीं। कल ही शाम आये और कल ही (अगले) शाम जाना। अब कहाँ आ पायेंगे। लेकिन सुबह ही फ़ोन फिर घनघनाया–वही बात। क्या बताऊँ, ऐसा फँस गया कि पूछिए मत लेकिन शाम को लौटते समय, चाहे पाँच मिनट को ही सही पर आऊँगा ज़रूर..."

और वे आये। बच्चों से मगन। उत्साह से जगमगाता चेहरा। 'आनन्द' फ़िल्म के नायक-सा। प्रसन्नता जैसे उझली पड़ रही थी। कारण? ..."जानती है? आपके साथ एक और भी ख़ुशी बाँटनी है...अभी और किसी को भी नहीं मालूम। सबसे पहले आपको ही बता रहा हूँ...मुझे इस वर्ष की गांधी फ़ेलोशिप मिली है...जो सम्मान साहित्य में महाश्वेता देवी को, कला में एम.एफ़. हुसैन को..."

मैंने कहा–"मिलती क्यों नहीं? इस गांधी शताब्दी के पूरे सवा सौंवें वर्ष भर आपने अनवरत लगातार–गांधी दर्शन, गांधी विचारधारा, समय-सन्दर्भ, जीवनशैली और प्रासंगिता के माध्यम से गांधी की मशाल जलाये रखी..."

"सिर्फ़ पूरे वर्ष ही?" हँस कर टोक गये। मैंने भूल सुधारी–सचमुच ही युवावस्था से आज तक साल-दर-साल, गांधीवाद और गाधीभाव के साथ-साथ गांधी और हिन्दी को लेकर जितना लिखा, छपाया, जितना प्रचार और कार्यान्वयन के लिए भी जी-तोड़ कोशिश की, वह अपने आपमें एक कीर्तिमान है।

लोग कह सकते हैं, उन्हें सुविधा और सहूलियतें थीं। पर सुविधा का इतना सात्विक उपयोग कितने सुविधाभोगी कर पाते हैं? एक अथक ऊर्जा थी उनमें। देते हुए कभी थकते न थे। पाने से ज़्यादा देने की ही सोचते थे। तभी तो चलते-चलते प्लेन छूटा जा रहा है लेकिन–"किताब आई कोई इधर आपकी?–लाइए दीजिए तो जल्दी से"...(मैं जानती हूँ, किताब आने की बात उन्हें पहले से पता होती। यह भी कि जल्दबाज़ी के संकोच से मैं उन्हें ख़ुद देने वाली नहीं) पिछले सप्ताह ही किताबघर से छपकर आयी 'साँझवाती' पर 'आदर सहित' लिख कर थमा दी।

देखकर चहके, जैसे किसी बच्चे को नया खिलौना मिला हो–"इसे अभी प्लेन में ही पढ़ डालूँगा (फिर वही जल्दबाज़ी) और दिल्ली पहुँचते ही लिखूँगा।"

काश! मुझे उस पत्र का इन्तज़ार बना रहता! लेकिन अब वह प्रतीक्षा एक गहरी उदासी में डूब गयी है। अज्ञेय पर सम्पादित उन्हीं की एक पुस्तक की तरह 'यायावर की याद'...यह डायरी भी उन्हीं की दी हुई जिस पर मैंने पूरे दो दिनों की अवसादी स्तब्धता के बाद लिखा है–शंकर दयाल जी नहीं रहे...सचमुच! फिर भी अविश्वसनीय!...

मन से मस्तिष्क की लगातार टकराहटें। अख़बारों में पढ़ने, रेडियो पर सुनने, टी.वी. पर देखने के बाद भी उस विनोदी, जीवन्त चेहरे के साथ मृत्यु, ख़ामोशी जैसे बदसूरत, सपाट शब्द बिल्कुल नहीं जुड़ पाते।

बार-बार लगता है, अभी ही तो वे खटाखट सीढ़ियाँ उतरते चले गये हैं–लिफ़्ट का इन्तज़ार कौन करे! बहुत जल्दी थी उन्हें...जैसे बहुत कम समय हो लेकिन

इसी में सारे मित्रों, परिचितों, घनिष्ठों, सहयोगियों से मिल लेना है...कोई छूटने न पाये!

किसी को पीछे छूटने देता नहीं था, वह रौनक और ज़िन्दादिली से जगमगाता चेहरा। सबको समेटता, सबको सहेजता कार में साथ आये सहयोगियों तक से–"अरे भाई! मिश्रा जी! शुक्ला जी! या गुप्ता जी या सिंह साहब! वहाँ काहे बैठे हैं, उतनी दूर...इधर आइये न! आराम से बैठिए–सूर्यबाला जी! ये बड़े काम के आदमी हैं। कभी भी आपको टिकट-विकट की ज़रूरत हो तो इनका नम्बर नोट कर लीजिए।"

ऐसा नहीं कि मेरे बहुत क़रीबी थे। कुल थोड़े-से वर्षों का परिचय-पहचान... लेकिन उन्होंने एक ज़रा-सी पहचान को आत्मीय घनिष्ठता के खूँटे से बाँध लिया था। मर्यादा का इतना ख़याल कि हमेशा मुझसे पहले लाल (पति) का नाम...। जब भी बुलाते, आते, सम्बोधित करते, दोनों को। कहते "आप दोनों को साथ देखकर बहुत अच्छा लगता है। आप ऐसी ही बनी रहिए...अब ऐसा देखने को बहुत कम मिलता है।"

हम दोनों इस विलक्षण व्यक्ति पर बातें करते लौटते। कैसा है यह व्यक्ति! सिर्फ़ कुछ लम्हों को ही सही, लेकिन इस परदेस में घने, छतनार, साये-सा छा जाता है जब तब। ख़ुशियाँ बाँटता आता है, ख़ुशियाँ बाँटता जाता है। देते हुए कभी थकता ही नहीं। हम जैसे जाने कितनों का सहकार, आत्मीय। साहित्यकार बहुत होते हैं, राजनेता और सांसद भी लेकिन सबसे ज़्यादा और पूरी भावना से जिसे याद किया जा रहा है, वह उनके अन्दर के सरल सनेही व्यक्ति को जिसकी निर्मल सहजता ही उसकी सबसे बड़ी पूँजी थी।

सबसे बड़ा आश्चर्य, सम्पर्कों का विस्तृत फैलाव कभी उनकी कर्मण्यता में बाधा नहीं डाल पाता। लेखन बदस्तूर चलता होता। यह रहा 'गांधी और समय-सन्दर्भ', यह रहा अज्ञेय पर 'यायावर की याद' और ये रही 'यात्राओं की अन्तर्यात्राएँ...' रचनात्मक संस्मरणों का, यात्रावृत्तों का सम्पूर्ण कोष। हिन्दी और गांधी-विचारधारा पर तो पिछले पूरे वर्ष कोई पत्रिका नहीं छूटी जिसमें उनके लेख न आये हों। हिन्दी और गांधी-दर्शन उनके लिये व्रत और अनुष्ठान की तरह थे। लिखना और लिखते जाना, सारे काम-काजों, यायावरी ओर यात्राओं के बीच। काम को कभी भार की तरह लिया ही नहीं उन्होंने, पूजा की तरह, शगल की तरह, जुनून की तरह, इसीलिए शायद, चेहरे पर न कभी ऊब की झलक, न थकान की शिकन। शायद अन्दर के उल्लास की पातालतोड़ धारा ही उन्हें हमेशा सींचती, हरा-भरा रखती थी। बच्चों-सा उछाह, युवाओं-सी ऊर्जा लिये फिरते थे।

उन्होंने जो कुछ किया, उससे भी ज़्यादा महत्त्वपूर्ण है, जिस ख़ूबसूरती से किया। जीवन रहते, इस महत्त्व को समझ गये थे वे। शायद इसीलिए जैसे वे जिये, बहुत कम जिया करते हैं। साथवाले, सहकर्मी हमेशा उनके सान्निध्य में एक स्वस्थ अनुशासन के बावजूद आत्मीयता की ऊष्मा महसूस करते और दूरस्थ मित्रों को देश के, विदेश के किसी भी कोने से, कभी भी फ़ोन घनघना देते–"जानती हैं? मैं इस वक्त राष्ट्रपति जी के साथ...या फिर कभी गुयाना तो कभी हंगरी, कभी पुरी तो कभी द्वारका..." जैसे सदैव उत्फुल्ल ऊर्जस्वित रहते हुए भी, जीवन की क्षणभंगुरता का पूरा मान था उन्हें और इसीलिए इस एक जीवन में ही कई-कई जन्मों तक की अन्तरंगता समेट लेने को आतुर रहते थे।...

कमलेश्वर : शिखर-मंच से मेरी पहली कहानी की स्वीकृति...

यह मेरे जीवन का सबसे खूबसूरत सच है कि मेरी क़लम को साहित्य के शिखर-मंच पर प्रतिष्ठित करने का समूचा श्रेय कमलेश्वर जी को ही जाता है। उन्होंने मुझ जैसी अनगढ़, बेतरतीब और अपनी सुविधासम्पन्न दिनचर्या में पूरी तरह लिप्त, समर्पित गृहणी की पहली कहानी 'सारिका' जैसी शीर्ष कथा-पत्रिका में प्रकाशित कर उसे कथा-जगत् के राजमार्ग की तख़्ती-सी दिखा दी थी।...

यह एक कभी न भूलने वाली स्मृति है जिसने मेरे जीवन की, दिनचर्या का सारा ख़ाका ही बदलकर रख दिया। मैं संयुक्त कुटुम्ब की एक समर्पित पत्नी, माँ और आज्ञाकारिणी बहू से एक जुनूनी लेखिका में बदल गयी।

यह सारा श्रेय कुल चार पंक्तियों के लिखे एक पत्र को जाता है और उन पंक्तियों, उस पत्र को लिखने वाले कमलेश्वर थे। पत्र में लिखी उन पंक्तियों का कमाल था कि पिछली आधी सदी से कमोबेश लगातार लिखते हुए मेरी क़लम कभी रुकी, कभी थकी नहीं...

यह तब की बात है जब हम पति-पत्नी ने अपने तीन छोटे बच्चों के साथ अलीगढ़ में नयी-नयी गृहस्थी बसायी थी। पति ने शिपिंग का जॉब छोड़कर बिट्रेन की बहुराष्ट्रीय कम्पनी ग्लैक्सो ज्वॉइन की थी। पीएच.डी. की डिग्री पास होने के बावजूद मैंने किसी विश्वविद्यालय अथवा शिक्षण संस्थान में प्राध्यापिकी आदि के लिए बहुत कोशिश नहीं की थी। कारण कई थे। सबसे पहले तो हमारा अपने नये जीवन, नयी गृहस्थी को लेकर अति उत्साह और उल्लास दोनों, दूसरे बच्चों का छोटा होना और तीसरे कम्पनी के ही आसपास बने बंगलों का शहर से काफ़ी दूर होना। एक और कारण, नये-नये कॉरपोरेट कल्चर के बीच अपने आप को स्थापित करना भी था। पर चूँकि विवाह के पहले तक साप्ताहिक 'आज' के साहित्य-परिशिष्ट में

ख़ूब छपी थी (कविता, कहानी, लेख) और प्रारम्भ से साहित्य के प्रति विशेष लगाव था, इसके लिए घर में 'धर्मयुग', 'सारिका', 'कादिम्बनी', 'साप्ताहिक हिन्दुस्तान' आदि बाज़ार में उपलब्ध सभी पत्रिकाएँ मँगाने लगी थी।

'धर्मयुग' उन दिनों पत्रिकाओं का शीर्षस्थ साप्ताहिक हुआ करता था और 'सारिका' कहानियों की शीर्ष पत्रिका। कभी-कभी कोई अच्छी रचना पढ़ते हुए आठ वर्ष पहले लिखी अपनी कहानियों कविताओं की याद हो आती। हल्की-सी हुड़क भी उठती...मैं भी तो लिखती रह सकती थी...लिखती ही थी क़रीब-क़रीब ऐसा ही। ऐसा ही क्या, लिख सकती हूँ अभी भी...लेकिन छोड़ो भी...अब मेरा जीवन बहुत बदल गया है। बहुत सुन्दर भी तो हो गया है! इतना उदार, सुर्दशन पति, परिवार और दो महामोही कुटुम्बों का सान्निध्य...और क्या चाहिए जीवन में। छोड़ो, सँभालो अब यह राजपाट...

एक दोपहर 'सारिका' में प्रकाशित द्विजेन्द्रनाथ मिश्र निर्गुण की एक मासूम-सी प्रेम कहानी पढ़ी। बहुत मन भायी। एकाध बार और पढ़ा। अन्दर तक छू गयी। कई-कई प्रतिक्रियाएँ एक साथ लहर मारने लगीं। वह भी एक परिहासी व्यंजना में। सबसे बढ़कर कहानी की किशोरी नायिका का नाम था–सुरबाला...

हारकर जाने कब क़लम उठा ली और लिखती चली गयी। लिखती गयी हल्की स्पन्दित होती गयी। दूसरी बार अपने इस लिखे को पढ़ा तो बड़ी तृप्ति मिली। हम बड़े लेखक हों या छोटे, हमारी रचना से हमारी तुष्टि या तृप्ति भी, उसी अनुरूप मिलती है।

स्वयं की यह अनुभूति बड़ी प्रीतिकर लगी। जाने क्या सूझी कि अन्दर से हरी झण्डी मिलते ही प्रतिक्रिया को लिफ़ाफ़े में डाला और 'सारिका' सम्पादक कमलेश्वर के पते पर पोस्ट कर दी। साथ में एक विनोदी लेकिन आदरयुक्त पत्र भी। पोस्ट करने के बाद भूल भी गयी। हाँ, 'रचना' या कह लें, ज़्यादा व्यंग्य से भरपूर उस प्रतिक्रिया का शीर्षक अभी तक याद है–'यादों की चेन में, बरसात की रात का एक लॉकेट...'। कहानी किशोर-वयी अबोध-सी नायिका 'सुरबाला' की थी–नायक भी सीधा सादा किशोर लड़का...कहानी में अनायास मन को छू जाने वाले अनेक प्रसंगों के साथ बरसात की दोपहर का भी एक प्रसंग था जब नायिका बारिश में भीग जाती है और किशोर नायक उसे सहानुभूतिपूर्वक अपनी तौलिया देता है। ऐसे मार्मिक तथा मन को छूने वाले प्रसंगों को मैंने व्यंग्य-व्यंजना की शैली में उकेरा था। अबोध प्रेम प्रसंगों को भी सामाजिक विसंगतियों से जोड़कर परिहासी चुटकियों में व्यक्त किया था।

बहरहाल, बहुत दिनों बाद कुछ अच्छा-सा लिख लेने के बाद मन हल्का, उत्फुल्ल हुआ था, यह स्थिति हफ़्तों बनी रही...इसने मुझे अपनी दिनचर्या के बीच एक नयी सी ऊर्जा दी। तभी एक दिन लंच ब्रेक में आये पति ने एक लिफ़ाफ़ा बढ़ा दिया मेरी ओर...मैं पढ़कर भौंचक रह गयी...वह सारिका की मुहरवाले लेटरहेड पर नीली स्याही से लिखे कमलेश्वर जी के सुघड़ अक्षरों वाला पत्र था...मेरी प्रतिक्रिया के प्रयुत्तर में—

प्रिय सूर्यबाला जी!

'यादों की चेन में...' रचना पढ़ी। इसमें निहित व्यंग्य को भी देखा और लगा कि यदि आप नियमित रूप से लिखें तो हिन्दी को आपसे कुछ बहुत अच्छी रचनाएँ मिल सकती हैं...आप लिखें और अपनी कुछ रचनाएँ मुझे 'पढ़ने' के लिए भिजवाइए...

सस्नेह कमलेश्वर...

मैं हतबुद्धि, अवाक्...उत्तेजना के चरम पर थी। अन्दर एक ज़बरदस्त हलकोर मची थी जिसमें सुखद आश्चर्य था, आवेगी उत्तेजना थी और था बहुत सारा रोमांच... कहीं न कहीं मेरे कुछ शब्दों, रचना को कथा-जगत् के शीर्ष मंच से 'स्वीकार' और सराहना मिली थी...यह शायद पहली लिखित प्रतिक्रिया थी मेरी किसी रचना पर, वह भी समकालीन कहानी के श्रेष्ठतम कथाकारों में एक, कमलेश्वर की क़लम से आयी...यह एक सनद थी (और है भी) मेरी क़लम के लिए...यह एक रस्सी थी जो पहाड़ से लटकायी गयी थी कि चढ़ना चाहती हो तो चढ़कर दिखाओ...सचमुच अभी तक मैंने कहीं किसी पत्रिका में कोशिश की ही नहीं थी...'आज' तो 'बाल संसद' के माध्यम से आप से आप, मेरी क़लम के साथ जुड़ गया था। और अब तो वह 'आज' भी बीत चुका था...व्यतीत से पूरी तरह हाथ झाड़कर, मैं तो अब जी-जान से इस नयी जीवनशैली, कॉरपोरेट-संस्कृति में अपने आप को खपाने की कोशिश कर रही थी।

बहरहाल, अगली सुबह पति, बच्चों को भेजने के बाद मैं लगातार अपने सारे काग़ज़, पत्र, डायरियाँ खँगालती रही...खँचाया तो बहुत था, घर के नेपाली अकड़ू नौकर से लेकर कुछ ही वर्षों पहले की अनेक देशों की समुद्र यात्रा तक...लेकिन सब कुछ आधा अधूरा, उसका भी कुछ अता-पता नहीं था। क्योंकि 'अपराध' चोरी की तरह लिखती थी, सबसे छुपाकर। जैसे सारे सलीक़ेवाले कामों से अलग यह कुछ फ़ालतू और बेसिर-पैर वाला काम हो। पहले भी आज के साहित्य-परिशिष्ट में छपी रचनाएँ लोगों की नज़र से गुज़रतीं अवश्य लेकिन ये आती कहाँ से हैं, यह किसी को न मालूम था, न जानने में किसी की रुचि ही थी। जैसे अनाथ आश्रम में पलती रही थीं मेरी रचनाएँ। बस बाहरवाले सुनकर अक्सर एकाध जुमले फेंक दिया

करते थे...जो मुझे गर्वित या ख़ुश करने के बदले संकुचित ही ज़्यादा करते थे। जैसे मेरी चोरी पकड़ी गयी हो। आज पहली बार एक लालटेन दिखी थी, उस रोशनी में चल पड़ने के लिए।

अन्ततः मैंने एक कहानी छाँटी। उसे पति-बच्चों की ग़ैरहाज़िरी में मिले सन्नाटे में जल्दी-जल्दी फ़ेयर किया, और कमलेश्वर जी को एक परिहासी पत्र के साथ पोस्ट कर दी जिसका आशय था, इतना बड़ा सम्पादक, कथाकार एक अलेखिका से डर गया कि कहीं अपनी रचनाओं का पुलिन्दा ही सारिका में प्रकाशनार्थ न भेजने लगे, इसीलिए 'सिर्फ़ पढ़ने' के लिए लिख दिया, जैसे नये लेखक में आत्मसम्मान नाम की कोई चीज़ ही नहीं...बड़े लेखक ने उँगली पकड़ायी नहीं कि 'पहुँची' (कोहनी) पकड़ने को तैयार...(हो जायेंगे...) पत्र के अन्त में पुनश्च के साथ अपना भूल-सुधार भी, जिसमें पहले की लाइनों को 'जोक्स अपार्ट' के खाने में डालकर उनके पत्र को अपनी क़लम की उपलब्धि मान कर क्षमा याचना कर ली थी। साथ ही, यह भी कि कहानी सिर्फ़ आपके 'पढ़ने' के लिए ही कोई दूसरी महत्त्वाकांक्षा नहीं...

विस्मृत हो जाने की तमाम व्यस्तताओं के बावजूद अवचेतन ने एक प्रतीक्षा पाली अवश्य थी कि जिस उदार सम्पादक ने एक सर्वथा अनजान अलेखिका की एक (व्यंग्य) रचना के प्रति इतनी उदारता बरती है, वह इस बार भी कम से कम उत्तर तथा आवश्यक सुझाव अवश्य देगा...

सचमुच महीना बीतने से पहले 'सारिका' से कमलेश्वर जी का दूसरा लिफ़ाफ़ा आ गया–

'आपकी कहानी 'जिज्जी' मुझे पसन्द आयी।...इसे प्रकाशन के लिए रख रहा हूँ...सारिका के आगामी महिला कथाकार अंक के लिए' (ओह जिज्जी! तुमने यहाँ भी मेरी उँगली थाम ली...कैसा संयोग कि 'जिज्जी' कहानी से ही मेरे लेखन का प्रारम्भ होना था।)

इस पत्र की शुरुआती पंक्तियों ने जैसे एक टार्चप्सी जलायी थी गन्तव्य की ओर...तुम्हारे लिए ये रास्ता खोल दिया है मैंने...शेष तुम्हारे ऊपर...

अब सोचती हूँ, कमलेश्वर जी 'सारिका' के छपे कार्ड पर भी तो कहानी की स्वीकृति भेज सकते थे लेकिन उन्हें सम्भवतः अपनी पहली कहानी भेजने वाली इस युवती लेखिका की उतावली का अन्दाज़ रहा होगा, अतः उन्होंने पत्र लिखना ज़्यादा ठीक समझा। यह उनकी सदाशयता और सहृदय, संवेदनशील मन का प्रतीक था।

कहना यह भी चाहती हूँ कि उस ज़माने में हम यानी हमारी पीढ़ी सिर्फ़ लिखती थी, 'लेखक' तो हमें पत्रिकाओं के पारखी सम्पादक और हमारे मर्मज्ञ पाठक बनाया करते थे।

हमारे अवचेतन में भी अपने लिखे को लेकर एक ज़बरदस्त प्रतिस्पर्द्धा चलती रहती थी, किसी और से ज़्यादा अपने आप से...जैसे, 'स्वीकृति' कहानियों की शीर्ष पत्रिका 'सारिका' से आयी है। कथाकार-सम्पादक कमलेश्वर की ओर से यह एक पहचान-पत्र है, तुम्हारी रचना को यानी तुम्हें इंट्रोड्यूज कर दिया उन्होंने। प्रामाणित अब तुम्हें करना है अपनी क़लम को...

मेरी दूसरी कहानी 'गौरा गुनवंती' प्रकाशित होने के कुछ ही दिनों बाद कमलेश्वर जी का मेरे पास कुछ इस तरह के मजमून वाला पत्र आया था–'संयोग देखिए कि अगले महीने की फ़लाँ तारीख़, दिन, मैं एक दिन के लिए अलीगढ़ आ रहा हूँ–मेरे आने की पूरी जानकारी मेरे मित्र और युवा समीक्षक डॉ. कुँवरपाल सिंह से आप ले सकती हैं...वग़ैरह-वग़ैरह...'

कमलेश्वर जी को देखने, उनसे मिलने की उत्सुकता से भी ज़्यादा उत्कण्ठा, रोमांचक थी, विशेषकर उनके संक्षिप्त पत्रों में झलकी आत्मीयता और ऊष्मा-भरी पंक्तियाँ...

मेरे लिए अलीगढ़ शहर से मीलों दूर, कम्पनी काम्प्लेक्स वाले अपने घर से शाम को तीनों बच्चों को छोड़कर जाने की कल्पना भी दुष्कर थी। लेकिन पति ने सारी मुश्किलें आसान कर दीं। डॉ. कुँवरपाल सिंह से फ़ोन पर बात की, पता, समय, नोट किया, कम्पनी की गाड़ी तय की और निश्चित दिन मुझे साथ लेकर पहुँच गये। लेकिन वहाँ तो बाक़ायदें कमलेश्वर जी के स्वागत में डॉ. सिंह की छत पर कथा-संगोष्ठी की पूरी तैयारी थी। छत पर पानी छिड़का जा चुका था। चारों तरफ़ मुँडेरों के किनारे-किनारे जाजम, दरी बिछायी जा चुकी थी। एक के बाद एक, लोगों का सोत्साह आना जारी था। मेरा मन किंचित् औत्सुक्य, उत्तेजना से ज़्यादा घबराहट की लपेट में था, लेकिन आने वालों का उछाह चरम पर। वे अपने विशिष्ट लेखकीय लिबासों में सजे-धजे बड़ी उमंग से चले आ रहे थे। उनमें से लगभग सभी ने कुछ काग़ज़ों के पुलिदें भी बग़ल में दबाये हुए थे। वे आने के साथ ही डॉ. कुँवरपाल सिंह से दुआ-सलाम करते, फिर हल्की खुसफुस-सी भी। जिसका आशय सम्भवत: कुछ इस तरह का था कि 'अपने घनिष्ठ' से मेरी ज़रा ठीक-ठाक पहचान करा सकें तो...एकाध ने कुछ मुड़े हुए काग़ज़ कमलेश्वर जी के पास पहुँचाने के लिए

बड़ी गुज़ारिश से कुँवरपाल जी को सौंपने चाहे, जिसके जवाब में उन्होंने बिन्दास बेतकल्लुफ़ी से कहा–"पहिले पंचन में पढ़ौ..."

मैं चौंकी, ओ, तो ये सारे मुँडेर के किनारे-किनारे बैठे लोग बारी-बारी अपनी रचना भी सुनायेंगे! कितनों को अवसर मिल पायेगा, कितनों को नहीं, उसके भाग्य पर...

किसी साहित्यिक गोष्ठी को इतने क़रीब से जानने-समझने का यह मेरा पहला अवसर था। लोगों के लिबास और बेसब्री देख मेरे अन्दर का व्यंग्यकार करवटें बदलने लगा था। लेकिन इस सारी गहमागहमी से पूर्णतया निर्लिप्त कुँवरपाल जी की पत्नी और आज की वरिष्ठ कथा लेखिका नमिता सिंह छत की एक तरफ़ लम्बाई में टहल-टहलकर अपने किसी छोटे बच्चे को थपकी दे-देकर सुला रही थीं। कमलेश्वर-मेनिया से ठुँसे पूरे माहौल के बीच नमिता जी की यह निर्लिप्तता मुझे बड़ी सहज और भली लग रही थीं, विशेषकर इसलिए क्योंकि छत का सारा माहौल कमलेश्वर जी के प्रभा-मण्डल की पूरी तरह गिरफ्त में था। सबकी आँखें उनकी एक झलक पाने के लिए उत्कण्ठित थीं।

कुँवरपाल सिंह हमसे मिले तो बड़े तपाक से लेकिन उन्होंने हमें भी वहीं बैठने का इशारा कर दिया। हम पति-पत्नी परेशान कि कहाँ आ फँसे। और जिससे मिलने आये उन कमलेश्वर की कहीं झलक ही नहीं। नितान्त 'नवोदित' और अजनबी हम उनसे कमलेश्वर से शीघ्र मिलवाने का अनुरोध भी नहीं कर सकते थे। अस्तु!

किशोरवय और 'आज' के ज़माने में एकाध बार लखनऊ आकाशवाणी, राजघाट और नागरी प्रचारिणी सभी के मंच से कविता-पाठ का अवसर मिला था। लेकिन वहाँ सीधे-सीधे मंच थे और सामने सभागार। उस तुलना में यहाँ की गहमागहमी और उत्तेजना मुझे चकित करने वाली थी...यद्यपि मन में मेरे भी उन्हें देखने और उनसे मिलने का औत्सुक कुलाँचे मार रहा था।

अन्ततः कमलेश्वर जी ने किसी हीरो की तरह ही एंट्री ली। हम रास्ते में ही खड़े हो मिल लिये। पति ने परिचय दिया। उन्होंने बड़ी तत्परता और गर्मजोशी से हाथ बढ़ाया...और कुशल-क्षेम पूछा। उधर कमलेश्वर को देखते ही भीड़ की उत्तेजना चरम पर थी। इसे लक्ष्य कर कमलेश्वर भी थोड़ी शीघ्रता में रहे ही होंगे। स्थिति समझकर दो-चार वाक्यों के बाद ही हमने उन्हें जल्दी से स्पष्ट कर दिया कि हम गोष्ठी में शामिल नहीं हो रहे हैं। हमें जल्दी ही घर लौटना है।

उन्हें यह बिल्कुल उम्मीद नहीं थी कि हम इस तरह गोष्ठी से पहले ही लौटने की बेसब्री में होंगे। वे चौंके थे। हमने तीन छोटे बच्चों और दस किलोमीटर की दूरी का हवाला दिया।

मुझे नहीं मालूम कि कमलेश्वर जी के लिए यह कितना अप्रत्याशित था लेकिन वे थोड़े असहज अवश्य लगे। असहज हम पति-पत्नी भी थे लेकिन हमारी लाचारी थी। बेशक मैं कमलेश्वर जी से थोड़ी और बातें करना चाहती थी लेकिन जाजम पर बैठे लोग हमें कमलेश्वर से बतियाते देख थोड़े बेसब्र हो रहे थे। वहाँ उपस्थित हर किसी को हमारा इस तरह संगोष्ठी का औपचारिक प्रारम्भ होने से पहले ही लौटना भी ख़ासा अहमकाना और बेतुका लग रहा था। जैसे हम किसी और ब्रह्माण्ड के जीव हों। थे भी। कहाँ अपनी-अपनी रचना सुनाने की उतावली और कमलेश्वर जी से बात कर पाने की ललक और कहाँ हम दोनों की इस सबसे पूरी उदासीनता।

अब सोचती हूँ, अपने अभी तक के लेखन की अधियायी सदी तक मैं इसी अलग ब्रह्माण्ड की जीव बनी रही। इतने बड़े लेखक, वह भी जिसने मेरे रचनाकार को एक तरह से अलादीन का चिराग़ ही थमा दिया और बाद में भी लगातार मेरे प्रति अपेक्षित उदारता बरतते रहे, के प्रति भी मैं एक तरह से तटस्थ ही बनी रही। कारण मेरी अकृतज्ञता नहीं बल्कि मेरी सामान्य लेखकों से बहुत अलग जीवनशैली थी, मेरी प्रकृति और अज्ञता भी।

इस जीवनशैली वाले परिवार की सुरुचि-सम्पन्नता में साहित्य, संगीत आदि के प्रति प्रेम का आशय सिर्फ़ अच्छा साहित्य पढ़ने, लिखने से ही था। इससे इतर सभा, संगोष्ठियों आदि में जाना, बैठना आदि इस क़िस्म की कोई गुंजाइश दूर-दूर तक नहीं थी। स्वयं मुझे भी 'लिखने' के प्रति जैसा जुनून था, इन ऊपरी सक्रियताओं के प्रति कोई विशेष उत्साह नहीं था।

बहरहाल, 'सारिका' में कहानियाँ भेजते रहना मेरी प्राथमिकता थी। जहाँ तक स्मरण है कमलेश्वर जी ने मेरी कोई कहानी लौटायी नहीं। स्वीकृति की सूचना देते हुए भी वे हर कहानी की किसी न किसी गुणवत्ता का उल्लेख, दो-चार शब्दों में ही अवश्य कर देते।

दो-ढाई वर्ष बीतते न बीतते हम अलीगढ़ से मुम्बई आ गये थे। बम्बई आने से पहले इस आशय की सूचना मैंने कमलेश्वर जी को दी थी। उन्होंने लौटती डाक से उत्तर दिया था–'आप बम्बई आ रही हैं...यह अच्छी ख़बर है...बम्बई से बेहतर जगह हिन्दुस्तान में दूसरी नहीं...'

'सारिका' में मेरी चौथी कहानी 'निर्वासित' प्रकाशित होने तक कमलेश्वर जी 'समान्तर कहानी आन्दोलन' की शुरुआत कर चुके थे और युवा लेखकों का एक पूरा जत्था स्थान-स्थान पर आयोजित होने वाले समान्तर-सम्मेलनों में सोत्साह शिरकत कर रहा था। 'सारिका' तथा अन्य पत्रिकाओं में उनकी बड़ी आकर्षक और विस्तृत रपटें प्रकाशित हुआ करती थीं। यह भी याद है कि अपने चौथे संक्षिप्त पत्र में बड़े अधिकार और अपनत्व से कमलेश्वर जी ने जोड़ा था–'समान्तर का अगला सम्मेलन फ़लाँ तारीख़ को राजगिरि में है...'और आप आ रही हैं'...

मैं ठक्...यह सुझाव नहीं, बड़े विश्वासपूर्वक दिया गया कमलेश्वर जी का आत्मीय आदेश था जिसे अस्वीकारने का कोई सवाल ही नहीं होना चाहिए था... एक तरह से इतने वरिष्ठ और मुझे ब्रेक देने वाले लेखक का तोहफ़ा...लेकिन मैं ख़ुश और उत्साहित होने के बदले पहले ही की तरह असमंजस में थी, उद्विग्न और उदासीन भी...

अन्ततः बम्बई आने पर कमलेश्वर जी के ऑफ़िस में ही मैंने हिम्मत कर, ससंकोच उन्हें जतला दिया कि मेरा राजगीरि आना नहीं हो पायेगा...वे चौंके, क्या, कितना समझे, नहीं जानती लेकिन तत्काल यथासम्भव सहज भाव से मुझे आश्वस्त कर गये– 'कोई बात नहीं' फिर कभी...। अब सोचती हूँ, उन-सा वरिष्ठ लेखक मुझे हर तरह से प्रमोट, प्रोत्साहित करने की कोशिश कर रहा था लेकिन मैं हर बार आधे अधूरे मन, बेमन से सामने आये सारे अवसर टालती चली गयी...

□□